Jura Übungen

Jura
Juristische Ausbildung

Übungen

herausgegeben von
Prof. Dr. Hans-Uwe Erichsen, Münster
Prof. Dr. Gerd Geilen, Bochum
Prof. Dr. Klaus Geppert, Berlin
Prof. Dr. Albert von Mutius, Kiel
Prof. Dr. Peter Schlosser, München
Prof. Dr. Peter Schwerdtner, Bielefeld

de Gruyter · Berlin · New York

Übungen im Zivilprozeßrecht

von Klaus Schreiber

Walter de Gruyter & Co · Berlin · New York · 1985

Dr. Klaus Schreiber
Professor an der Universität München

CIP-Kurztitelaufnahme der Deutschen Bibliothek

Schreiber, Klaus:
Übungen im Zivilprozeßrecht / von Klaus Schreiber. — Berlin ; New York : de Gruyter, 1985.
(Jura : Übungen)
ISBN 3-11-009915-2

Printed in Germany
Satz: Arthur Collignon GmbH, 1000 Berlin 30
Druck: Druckerei Ludwig Vogt, 1000 Berlin 61
Bindearbeiten: Lüderitz & Bauer Buchgewerbe GmbH, 1000 Berlin 61

Vorwort

Eine Übung im Zivilprozeßrecht ist etwas anderes als eine bloße Fallbesprechung. Sie sollte auch Kenntnisse darüber vermitteln, wie ein Fall „anzufassen" ist. Deswegen gehen die Lösungen der im zweiten Teil dieses Buches gestellten Aufgaben nicht nur auf die Rechtsfragen ein, sondern befassen sich auch mit Aufbauproblemen sowie arbeitstechnischen und -taktischen Aspekten. Ich hoffe, daß deswegen – man stößt beim Durcharbeiten wenigstens ab und zu auf Vertrautes – die Beschäftigung mit dem als langweilig verschrieenen Prozeßrecht nicht allzu früh ihr Ende findet.

Die vorgestellten Fälle sind sämtlich in der Ausbildung erprobt. Für Anregungen und Kritik bin ich natürlich dennoch stets dankbar.

Bei den Vorarbeiten zu diesem Buch haben mich meine Hilfskräfte unterstützt. Frau Rechtsreferendarin Sibylle Fey und den Herren Rechtsreferendaren Andreas Bock, Andreas Pollinger, Konrad Retzer und Michael Siebold danke ich dafür auch an dieser Stelle.

München, im Juli 1985 *Klaus Schreiber*

Inhalt

Schrifttum

(Lehrbücher, Kommentare, Anleitungsbücher; Spezialschrifttum ist nur in den Fußnoten nachgewiesen):

I. Lehrbücher

1. Zivilprozeßrecht, Gerichtsverfassungsrecht

BAUR, Zivilprozeßrecht, 4. Aufl. (1982)
BAUR/STÜRNER, Zwangsvollstreckungs-, Konkurs- und Vergleichsrecht, 11. Aufl. (1983)
BLOMEYER, A., Zivilprozeßrecht, Erkenntnisverfahren, 1963
BRUNS/PETERS, Zwangsvollstreckungsrecht, 2. Aufl. (1976)
GRUNSKY, Grundlagen des Verfahrensrechts, 2. Aufl. (1974)
JAUERNIG, Zivilprozeßrecht, 20. Aufl. (1983)
DERS. Zwangsvollstreckungs- und Konkursrecht, 16. Aufl. (1983)
KERN, Gerichtsverfassungsrecht, 4. Aufl. (1965); seit 5. Aufl. (1975) bearbeitet von WOLF
NIKISCH, Zivilprozeßrecht, 2. Aufl. (1952)
ROSENBERG/SCHWAB, Zivilprozeßrecht, 13. Aufl. (1981)
SCHLOSSER, Zivilprozeßrecht I, Erkenntnisverfahren, 1983
DERS. Zivilprozeßrecht II, Zwangsvollstreckungs- und Insolvenzrecht, 1984
SCHÖNKE/KUCHINKE, Zivilprozeßrecht, 9. Aufl. (1969)
ZEISS, Zivilprozeßrecht, 5. Aufl. (1982)

2. Bürgerliches Recht

BAUR, Lehrbuch des Sachenrechts, 13. Aufl. (1985)
ENNECCERUS/LEHMANN, Recht der Schuldverhältnisse, 15. Bearbeitung (1958)
ESSER/WEYERS, Schuldrecht II, Besonderer Teil, 6. Aufl.(1984)
LARENZ, Lehrbuch des Schuldrechts, Bd. II, Besonderer Teil, 12. Aufl. (1981)
MEDICUS, Bürgerliches Recht, 12. Aufl. (1984)

II. Kommentare

1. Zivilprozeßrecht

BAUMBACH/LAUTERBACH/ALBERS/HARTMANN, Zivilprozeßordnung, 43. Aufl. (1985)
STEIN/JONAS, Kommentar zur Zivilprozeßordnung, 20. Aufl. (seit 1977 im Erscheinen)
THOMAS/PUTZO, Zivilprozeßordnung, 13. Aufl. (1985)
ZÖLLER, Zivilprozeßordnung, 14. Aufl. (1984)

2. Bürgerliches Recht

Münchener Kommentar zum Bürgerlichen Gesetzbuch, Band 4, Sachenrecht, 1981
PALANDT, Bürgerliches Gesetzbuch, 44. Aufl. (1985)

III. Anleitungsbücher

BAUMGÄRTEL/MES, Einführung in das Zivilprozeßrecht mit Examinatorium, 6. Aufl. (1982)
LIPPROSS, Vollstreckungsrecht, 3. Aufl. (1981)
SCHUMANN, Die ZPO-Klausur, 1981

Einführung

I. Übersicht

Ich rate Ihnen, mit der Lektüre nicht an dieser Stelle zu beginnen. Es folgen nämlich zunächst Darlegungen zur Bedeutung des Zivilprozeßrechts in Ausbildung und Examen und — etwas konkreter — zum Inhalt einer Übung im Zivilprozeßrecht. Das ist für den fortgeschrittenen Studenten nichts Neues: er hat die aus seiner Sicht mehr oder weniger langweiligen Vorlesungen zum Zivilprozeßrecht mehr oder weniger ausdauernd gehört, er weiß auch von Kommilitonen in Examenssemestern und aus Repetitorien um die Häufigkeit zivilprozessualer Themenstellungen im ersten Staatsexamen, dem Referendarexamen. Und vor dem mündlichen Teil der Prüfung kann man sich durch Einblick in die Prüferprotokolle darüber informieren, ob ein Prüfer Fragen aus dem „exotischen" Fach Zivilprozeßrecht zu stellen pflegt.

Nutzbringend sollte jedenfalls die Lektüre ab Seite 7 sein. Hier finden Sie Ausführungen zur *Methode der Fallbearbeitung*. Vieles von dem dort Gesagten gilt ganz allgemein für Klausur und Hausarbeit, manches nur für das *zivilprozessuale* Gutachten.

Schließlich folgen im Hauptteil *Fälle mit Lösungen*, alle selbstverständlich mit zivilprozessualem Schwerpunkt. Die angesprochenen Probleme sind sämtlich examensrelevant. Sie schöpfen zudem nach meiner Erfahrung den Kreis examenswichtiger Themen nahezu aus.

Wahrscheinlich erwarten Sie jetzt den obligatorischen Hinweis, wie Sie an die Fälle herangehen sollten. Er fehlt hier. Ein Patentrezept habe ich noch nicht gefunden. Die Befolgung des häufig zu lesenden Ratschlags, zunächst selbst eine klausurmäßige Lösung zu versuchen und sie dann mit dem Vorbild zu vergleichen, kostet Sie pro Sachverhalt mindestens 7 Stunden (5 Stunden Schreibarbeit, 2 Stunden Kontrolle), mit anderen Worten nicht weniger als einen ganzen Arbeitstag. Hinzu kommt, daß Sie möglicherweise nach einem Vergleich der Musterlösung mit Ihrer Arbeit enttäuscht sind, so sehr „daneben zu liegen", und die Beschäftigung mit dem ohnehin mißtrauisch beäugten Zivilprozeßrecht ganz aufgeben. Das wäre angesichts Ihres guten Willens zu bedauern.

Mein Tip: Überlegen Sie sich und machen Sie sich gegebenenfalls kurze Notizen, wie Sie den Fall anfassen würden und wo die Probleme liegen. Alsdann vergleichen Sie mit der Lösung. Und bedenken Sie zu Ihrer Beruhigung, daß in den hier abgedruckten Lösungen ein Arbeitsaufwand steckt, wie er von Ihnen allenfalls im Rahmen einer Hausarbeit erwartet wird. Wo Sie die hiesige Lösung nicht „getroffen" haben, sollten Sie nachhaken — mindestens in der Weise, daß Sie den übersehenen Teil besonders sorgfältig lesen, besser aber noch, indem Sie ein Lehrbuch zur Hand nehmen. (Letzteres bleibt in der Regel eine Wunschvorstellung des jeweiligen Ausbilders. Aber vielleicht nutzen Sie doch die Gelegenheit, sich wenigstens den Standort der zivilprozessualen Lehrbücher in der Institutsbibliothek einmal anzusehen.)

II. Die Bedeutung des Zivilprozeßrechts für das Referendarexamen

Während der Vorbereitung auf das 1. Staatsexamen wird dem Zivilprozeßrecht vielfach nicht die Bedeutung beigemessen, die es im Rahmen der gesamten Ausbildung zum Juristen hat. Dabei liegt es auf der Hand, daß ein Ergebnis juristischer Ausbildung das Wissen darum sein muß, wie man demjenigen, der recht zu haben glaubt, zu seinem Recht verhilft.

1. Ausgangspunkt: Die Juristenausbildungs- und Prüfungsordnungen der Bundesländer

Die Voraussetzungen, die in der 1. Juristischen Staatsprüfung zu erfüllen sind, finden sich in den Juristenausbildungs-Ordnungen (JAO) oder Juristenausbildungs- und Prüfungsordnungen (JaPO) der einzelnen Bundesländer. Über die Rechtslage in dem Land, in dem Sie das Examen ablegen wollen, sollten Sie sich auch unter diesem Aspekt selbstverständlich informieren. Sie werden feststellen, daß weit mehr zivilprozeßrechtliche Kenntnisse verlangt werden, als die meisten der Examenskandidaten annehmen.

So gehört etwa in *Bayern* zu den *Pflichtfächern* (§ 5 Nr. 6 JAPO)

„aus dem Prozeßrecht:

a) das allgemeine Verfahrensrecht im Zivil-, Straf- und Verwaltungsprozeß, insbesondere Rechtswege, Verfahrensgrundsätze, Klagearten, Verfahren im 1. Rechtszug mit Beweisaufnahme und Beweiswürdigung, Wirkung gerichtlicher Entscheidungen, Arten der Rechtsbehelfe, vorläufiger Rechtsschutz;

...

c) aus dem Recht der Zwangsvollstreckung im Zivilrecht: allgemeine Vollstreckungsvoraussetzungen, Arten der Zwangsvollstreckung, Rechtsbehelfe."

2. Die Examensrelevanz des Zivilprozeßrechts

Daß zivilprozeßrechtliche Fragen examensrelevant sind, hat sich mittlerweile wohl herumgesprochen. Inwieweit nun im Einzelfall Ihre Kenntnisse im Zivilprozeßrecht geprüft werden, hängt von der Auswahl der Prüfungsarbeiten ab. Vor allem in der mündlichen Prüfung sind aber zivilprozeßrechtliche Themen fast durchweg Teil der Prüfung im Zivilrecht.

III. Das Zivilprozeßrecht im Überblick

1. Die einschlägigen Gesetze

Die gesetzlichen Vorschriften für den Zivilprozeß finden sich vornehmlich in der ZPO (Schönfelder, Deutsche Gesetze, Nr. 100) und dem Gerichtsverfassungsgesetz (*GVG*; Schönfelder, Deutsche Gesetze, Nr. 95). Weitere Verfahrensvorschriften beinhalten das BGB (z. B. § 407 Abs. 2 BGB), das Rechtspflegergesetz, das Gesetz über die Zwangsversteigerung und die Zwangsverwaltung (*ZVG*), das Anfechtungsgesetz, die Konkursordnung.

Das Zivilprozeßrecht ist insbesondere im Hinblick auf Zuständigkeiten und Verfahrensmodalitäten abzugrenzen vom Strafprozeßrecht, vom Verwaltungsprozeßrecht und vom Verfassungsprozeßrecht. Das Zivilprozeßrecht kommt immer dann zur Anwendung, wenn es zur Durchsetzung *privatrechtlicher Ansprüche* eines staatlichen Verfahrens bedarf. Darüber hinaus gehören manche Rechtsstreitigkeiten kraft historischer Zuweisung zur Zuständigkeit der Zivilgerichte: § 40 Abs. 2 Satz 1 VwGO, Art. 14 Abs. 2 S. 4 GG, § 157 BBauG, §§ 23 ff EG GVG.

Eine Besonderheit stellen die Arbeitssachen dar. Sie gehören vor die Arbeitsgerichte (§§ 2, 2a ArbGG). Die dort anhängigen Verfahren orientieren sich am Arbeitsgerichtsgesetz, das in seiner Systematik der ZPO angeglichen ist. Mehr noch: soweit das Arbeitsgerichtsgesetz schweigt, sind die Vorschriften der ZPO auch in diesem Bereich anwendbar (§§ 46 II, 80 II ArbGG).

Letztlich zu erwähnen sind die Angelegenheiten der freiwilligen Gerichtsbarkeit. Hier kommt es in Teilen zu einer Verzahnung von Vorschriften des FGG und der ZPO: so ist etwa für Familiensachen § 621a I ZPO zu nennen.

2. Kurze systematische Darstellung der ZPO

Zunächst grob unterschieden läßt sich die ZPO einteilen in die Vorschriften über das Erkenntnisverfahren einerseits und über die Zwangsvollstreckung andererseits. Das Erkenntnisverfahren ist das Kernstück der ZPO. Es hat zum Ziel, das materielle Recht so festzustellen, daß es durchsetzbar ist. Demgemäß ist es auch abzugrenzen vom Arrestverfahren und dem Verfahren zur Erlangung einer einstweiligen Verfügung (§§ 916 ff ZPO); hier handelt es sich um vorläufige Maßnahmen, welche die Sicherung künftiger Rechtsdurchsetzung und die vorläufige Regelung unklarer Rechtsverhältnisse zum Ziel haben. — Am Ende des Erkenntnisverfahrens steht oft eine gerichtliche Entscheidung, meist ein Urteil. Das Zwangsvollstreckungsverfahren gibt die Handhaben, um das in dieser Entscheidung festgestellte Recht durchzusetzen.

Strukturell stellt die ZPO das Erkenntnisverfahren vor den Landgerichten in den Vordergrund (vgl. §§ 253 ff ZPO). Allerdings gelten mit wenigen Ausnahmen diese Vorschriften auch für das amtsgerichtliche Verfahren (vgl. §§ 495 ff ZPO).

Übersicht: Die Gerichte in Zivilsachen

Gericht	Zuständigkeit 1) erstinstanzlich 2) zweitinstanzlich 3) drittinstanzlich	Spruchorgan	Besetzung
Amtsgericht (AG)	1) §§ 23, 23 a GVG 2) ----	Einzelrichter (§ 22 I GVG) ----	1 Berufsrichter ----
Familiengericht	1) § 23 b GVG 2) ----	Einzelrichter (§ 22 I GVG) ----	1 Berufsrichter (beachte § 23 b III GVG) ----
Landgericht (LG)	1) §§ 71 I, 23 GVG; Spezialzuweisungen z. B. in §§ 246 III AktG, 51 III 3 GenG, 61 III GmbHG	Kammer (§ 60 GVG) oder Einzelrichter (§§ 75 GVG, 348 ZPO)	3 Berufsrichter (§ 75 GVG)
	2) § 72 GVG	Kammer (§§ 60, 72 GVG) oder Einzelrichter (§§ 75 GVG, 524 ZPO)	3 Berufsrichter (§ 75 GVG)
Landgericht – Bei Einrichtung einer Kammer für Handelssachen – KfH – (vgl. § 93 GVG) gilt für diese:	1) §§ 71 I, 23, 94, 95 GVG	Kammer (§ 93 GVG) oder Vorsitzender der KfH (§§ 105 I GVG, 349 ZPO)	1 Berufsrichter 2 ehrenamtliche Richter (§§ 105 GVG; 45 a DRiG: „Handelsrichter“)

	2) §§ 72, 94, 95 GVG	Kammer (§ 93 GVG)	1 Berufsrichter 2 ehrenamtliche Richter (§§ 105 GVG; 45 a DRiG: „Handelsrichter") oder Vorsitzender der KfH (§§ 105 I GVG, 524 ZPO)
Oberlandesgericht (OLG);	1) ----	----	----
Kammergericht (Berlin (KG))	2) § 119 GVG	Senat (§ 116 GVG)	3 Berufsrichter (§ 122 GVG) oder Einzelrichter (§§ 122 I GVG, 524 ZPO)
Bayerisches Oberstes Landesgericht (BayObLG) (vgl. § 8 EG GVG, Art. 10 ff. Bay AG GVG)	1) und 2) ----	----	----
	3) § 8 EG GVG	Senat (§§ 10 EG GVG, 116 I GVG)	5 Berufsrichter (§§ 10 II EG GVG, 139 GVG)
Bundesgerichtshof (BGH)	1) und 2) ----	----	----
	3) § 133 GVG	Senat (§ 130 GVG)	5 Berufsrichter (§ 139 GVG)
Ferner:	§§ 136 I, 137 GVG	Großer Senat (§ 132 GVG)	9 Berufsrichter (§ 132 II GVG)
	§ 136 II GVG	Vereinigte Große Senate (§ 132 IV GVG)	17 Berufsrichter (§ 132 II, IV GVG)

Wenn soeben davon die Rede war, daß sich der Zivilprozeß vor den Amts- oder Landgerichten abspielt, so ist damit nur die erstinstanzliche Zuständigkeit angesprochen. Auf die Rechtsmittel im einzelnen werden wir erst im 6. Abschnitt des Hauptteils zu sprechen kommen. An dieser Stelle sollten Sie sich aber schon klarmachen, welche Gerichte an welcher Stelle des Verfahrens und in welcher Besetzung im Zivilprozeß tätig werden.

Dazu also in einer Übersicht ein Ausflug in das GVG s. S. 4/5.

Zurück zur ZPO. Nach den *Vorschriften über den Gang des Verfahrens* (Klage, vorbereitende Schriftsätze, Klageerwiderung, Termine, Ladungen, etc.) *in den §§ 253ff ZPO* zeigen die *§§ 300ff die Entscheidungsmöglichkeiten* auf: Endurteil, Teilurteil, Zwischenurteil, Vorbehaltsurteil, Anerkenntnisurteil, Versäumnisurteil. Daran schließen sich die *Vorschriften über die Beweisaufnahme und Beweisarten* an (*§§ 355ff ZPO*). Die *Beweismittel* im einzelnen sind *S*achverständigenbeweis, *A*ugenscheinbeweis, *P*arteivernehmung, *U*rkundenbeweis, *Z*eugenbeweis. In dieser Reihenfolge sind sie anhand ihrer Anfangsbuchstaben leicht zu merken: das Schlagwort lautet *SAPUZ*.

Sie sollten sich diese „Eselsbrücke" merken, sie aber selbstverständlich im Ernstfall nicht zu Papier bringen.

Im 3. Buch sind dann die *Rechtsmittel* (*Berufung, Revision, Beschwerde*) geregelt (*§§ 511ff ZPO*).

Die folgende *Übersicht* mag das Zusammenspiel und das Nebeneinander der 10 Bücher der ZPO zunächst insbesondere für den Bereich des gewöhnlichen Erkenntnisverfahrens verdeutlichen:

Aufbau der ZPO:

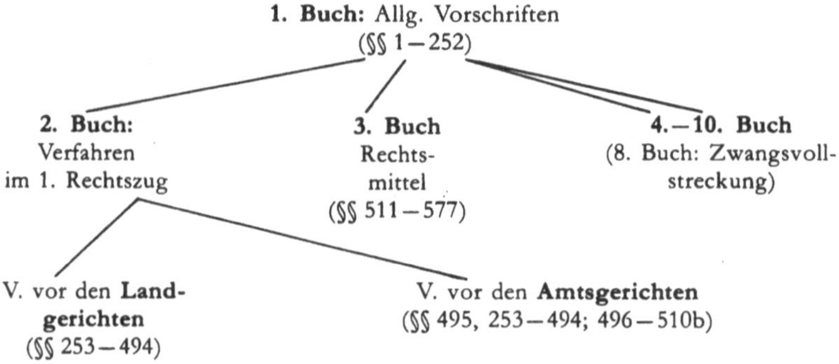

Die Bücher über die *Wiederaufnahme des Verfahrens* (*4. Buch:* §§ 578–591) und den *Urkunden- und Wechselprozeß* (*5. Buch:* §§ 592–605a ZPO) stehen von ihrer – geringen – Examensrelevanz her dem häufig geänderten *6. Buch* (§§ 606–687: *Familiensachen, Kindschaftssachen, Unterhaltssachen, Entmündigungssachen*) gleich. Auch das *7. Buch* (§§ 688–703d: *Mahnverfahren*) ist vor allem praktisch relevant. Man sollte sich immerhin merken, daß in diesem Zusammenhang heute nicht mehr vom *„Zahlungsbefehl"*, sondern vom *„Mahnbescheid"* die Rede ist. Auf der Grundlage des Mahnbescheides ergeht dann der Vollstreckungsbescheid (§ 699 ZPO). Er ist Vollstreckungstitel (§ 794 Abs. 1 Nr. 4 ZPO).

Mit dem *Recht der Zwangsvollstreckung* ist ein wesentlicher Teil des Zivilprozeßrechts im *8. Buch* geregelt (§§ 704–945 ZPO).

Sie haben hoffentlich schon der Übersicht entnommen, daß es mit den besonderen Teilen der Zivilprozeßordnung nicht sein Bewenden hat. Wie im BGB hat der Gesetzgeber auch hier *allgemeine Vorschriften* „vor die Klammer gezogen". Hier (*§§ 1–252 ZPO*) geht es ganz allgemein um die Gerichte, vor allem um deren örtliche Zuständigkeit, um die Stellung der Parteien sowie um das Verfahren, soweit es nicht spezielle Regelungen in dem besonderen Teil der ZPO erfahren hat.

IV. Der Weg zur Lösung eines Zivilprozeßrechtsfalles

Wie bei jeder Aufgabe stellt sich auch bei einer Arbeit mit zivilprozeßrechtlichem Schwerpunkt die Frage, wie man am besten zur Lösung gelangt. Ein Patentrezept gibt es leider nicht. Aber es gibt gewisse Grundsätze, die sich als nützlich und hilfreich für das Erstellen einer Lösung erwiesen haben. Ich werde auf die meisten dieser Prinzipien in den einzelnen Fällen zu sprechen kommen. Einige allgemeine Hinweise lassen sich aber schon vorweg geben.

1. Bearbeitervermerk

Ausgangspunkt einer jeden Arbeit ist der Bearbeitervermerk am Ende der Aufgabe. Dort drückt der Aufgabensteller genau aus, was er in welcher Form bearbeitet wissen will. Vielfach finden sich hier auch wichtige Informationen über die Prüfungsreihenfolge. Auch schließt oft ein Bearbeitervermerk Alternativlösungen aus oder verweist darauf, daß die alternative Möglichkeit im Hilfsgutachten zu erörtern ist. Hinsichtlich von Fragen, die im Sachverhalt offen geblieben sind, gibt häufig der Bearbeitervermerk Aufklärung. – Bevor man sich den Sachverhaltstext einer Aufgabe durchliest, sollte man *zuerst den Bearbeitervermerk lesen.* Das hat auch noch einen anderen, ganz praktischen Grund: je nachdem, wonach gefragt wird, muß sich der Bearbeiter seine Zeit unterschiedlich einteilen. Für die klausurmäßige Bearbeitung einer Aufgabe im

1. Staatsexamen gilt als Faustregel, daß man nach etwa 2 Stunden mit der Reinschrift beginnen sollte.

2. Erfassen des Sachverhalts

Der Sachverhalt stellt die Grundlage der Aufgabe dar. Aus ihm ergeben sich die für den Bearbeiter wichtigen Tatsachen und die Geschehensabläufe. Ein *genaues Durchlesen* mit dem Ziel, den Sachverhalt wirklich voll zu erfassen, ist die erste Hürde, die der Bearbeiter nehmen muß. Es hat sich gezeigt, daß es sinnvoll ist, die beim ersten Durchlesen gewonnenen Erkenntnisse kurz festzuhalten, sei es durch *Markierung im und am Text*, sei es durch *kurzes Skizzieren auf einem Extrablatt*. Ob man dabei farbige Leuchtstifte, Buntstifte zum Unterstreichen oder Bleistifte für Randnotizen benutzt — vielleicht sogar alle drei — ist unerheblich; wichtig bleibt, daß der Bearbeiter die seiner Meinung nach wichtigen Aspekte, auf die er beim Lesen gestoßen ist, im Auge behält.

Nach dem ersten Durchlesen sollte man sich nochmals den Bearbeitervermerk ansehen, um zu überprüfen, ob man alles verstanden hat. Danach erfolgt ein nochmaliges Durcharbeiten des Textes. Jetzt kann man bereits einzelne Fragestellungen berücksichtigen und danach wichtige Stellen entsprechend kennzeichnen. Spätestens *beim zweiten Durchlesen* sollte man ein zusätzliches Blatt anlegen, auf dem man sich *Notizen* macht, z. B. für die Lösung erhebliche Paragraphen vermerkt.

3. Prozeßskizze

Jetzt kann es von Nutzen sein, eine Skizze zu erstellen, in der die verschiedenen Prozeßrechtsverhältnisse herausgestellt werden. Dies empfiehlt sich immer dann, wenn mehr als zwei Personen an einem Rechtsstreit beteiligt sind.

4. Die Lösungsskizze

Die Lösungsskizze stellt den Entwurf der gefundenen Lösung dar. Als solche soll sie den Arbeitsgang festhalten, die gefundenen Zwischenergebnisse und Endergebnisse wiedergeben. Anhand der Lösungsskizze sollte man in der Lage sein, die Lösung zu erstellen. Häufig wird auf die Lösungsskizze ein zu großes Augenmerk gelegt, mit ihr zuviel Zeit verbracht. Sie sollten immer bedenken, daß die Lösung, also die *ausgearbeitete* Fassung Ihre Aufgabe ist. *Hierbei erst soll man formulieren und genau begründen, in die Lösungsskizze gehören nur Stichpunkte.* Vor der Niederschrift sollte nochmals überlegt werden,

— ob alles verarbeitet wurde, insbesondere jeder Hinweis des Aufgabenstellers beachtet wurde,

- ob keine Sachverhaltsunterstellungen vorgenommen wurden,
- ob der Aufbau logisch ist und die Begründungen schlüssig sind,
- ob die Schwerpunkte richtig erkannt und gesetzt worden sind.

5. Die Lösung

Die Reinschrift der Lösung ist der Gegenstand der Beurteilung durch den Korrektor. Darum sollten Sie flüssig argumentieren, sauber formulieren und gut und logisch begründen. Überflüssige Ausführungen sollen vermieden werden. Sie müssen dort *in die Tiefe gehen, wo der Fall problematisch* ist, nicht aber da in die Breite, wo es keine Probleme gibt. Daß Sie bestimmte Dinge gelernt haben, sollten Sie immer dort zeigen, wo es genau auf diese Dinge ankommt, sonst nicht.

Das ist freilich leichter gesagt als getan, weil während des Studiums die Relevanz einer Streitfrage oft nicht recht eingesehen wird. Verbesserungen bringt insoweit erst die Referendarzeit, und sei es auch nur deshalb, weil für die Bearbeitung häuslicher Aufgaben nicht soviel Zeit zur Verfügung steht wie während des Studiums. Deshalb beschränkt man sich dort zwangsläufig auf das Wesentliche.

Für den inhaltlichen Aufbau einer zivilprozeßrechtlichen Arbeit gibt es keine allgemeingültigen Regeln, vielmehr kommt es immer auf die Art der Aufgabe an. Bis zum 1. Staatsexamen wird es häufig darum gehen, Zulässigkeit und Begründetheit einer Klage oder eines Rechtsmittels darzustellen. Wir werden auf diese Art der Aufgaben in den folgenden Fällen ausführlich eingehen.

6. Schlußbetrachtung

Schließlich wäre es schön, wenn Sie Zeit hätten, die Lösung unter der Fragestellung: „habe ich die Aufgabe gelöst?“ durchzusehen. Vor allem sollten Sie natürlich darauf achten, ob Sie überhaupt die gestellte Frage beantwortet haben. Zudem findet man gerade bei der letzten Durchsicht noch Kleinigkeiten, die man verbessern, Fehler, die man ausmerzen kann. Da durchweg die Aufgaben so gestellt sind, daß eine zufriedenstellende Lösung die volle Bearbeitungszeit fordert, sollten Sie sich auf jeden Fall *bis zum Schluß dieser Zeit mit der Aufgabe beschäftigen.* Die Arbeit frühzeitig abzugeben wäre unter diesem Aspekt leichtfertig.

Es sollte eigentlich keines Wortes dazu bedürfen, daß die Arbeit, was Rechtschreibung, Grammatik, Zeichensetzung angeht, in Ordnung sein muß. Tatsächlich aber ist das keineswegs selbstverständlich. Verbleibende Zeit sollten Sie deshalb dazu nutzen, auf diese Punkte zu achten. Sie und die äußere Form der Arbeit sollte man nicht unterschätzen. Man geht zur mündlichen Prüfung ja auch nicht in Jeans und buntem Hemd. Warum wollen Sie dann eine Arbeit abliefern, die schon äußerlich den Erwartungen nicht entspricht?

V. Technische Hinweise

1. Jeder Lösung, auch einer im Rahmen einer Klausur erstellten, sollte ein *Deckblatt* vorgeheftet werden. Auf diesem Deckblatt muß der Name des Bearbeiters bzw. im 1. Staatsexamen die ihm zugeteilte Nummer, und, wenn die Arbeit im Rahmen einer Übung geschrieben wurde, die Bezeichnung der Übung, der Name des Dozenten und das Datum der Abgabe vermerkt sein.

2. Konzept und Reinschrift sollten jeweils nur *einseitig beschriftet* werden. Dies dient einmal dem Bearbeiter, der es sehr viel leichter hat, zu einem Punkt zurückzukommen, wenn er nicht Vor- und Rückseite überprüfen muß. Falls später etwas einzufügen oder zu verbessern ist, ist es auch nützlich, wenn man lediglich eine Seite neu zu schreiben hat. Nicht zuletzt erleichtert diese Art der Darstellung die Korrektur der Arbeit. Zur *Schrift:* es gibt eine alte Prüferweisheit, wonach die äußere Form und der Inhalt einer Arbeit oft Hand in Hand gehen. Oder: wer kraus schreibt, denkt auch kraus. — Ausnahmen bestätigen die Regel.

3. Bei der schriftlichen Ausarbeitung sollte immer ein *großzügiger Rand* gelassen werden. Es ist wichtiger, eine übersichtliche Lösung abzugeben als am Papier zu sparen. Die breiten Ränder gewährleisten, daß der Korrektor ausreichend Platz zur Verfügung hat, um seine Korrekturen anzubringen. Außerdem ergibt sich für Sie der *Vorteil*, daß eventuell nachzutragende Details ohne Schwierigkeiten an der richtigen Stelle unterzubringen sind.

4. Der Übersichtlichkeit dient es auch, die *Seiten* an immer derselben Stelle deutlich zu *numerieren*. Da meistens viele Arbeiten in die Hände desselben Korrektors gelangen, kann es vorkommen, daß Arbeiten durcheinander geraten. Das gilt auch im Examen. Deshalb ist es wichtig, die Seiten einer Arbeit ohne Schwierigkeiten zuordnen zu können.

5. Bis zum 1. Staatsexamen wird in fast allen Fällen ein Gutachten Gegenstand der Aufgabe sein. Daher ist stets darauf zu achten, daß man im *Gutachtenstil* bleibt. Nennen Sie also (1.) die Norm, die Sie prüfen wollen, führen Sie (2.) deren Voraussetzungen an, alsdann (3.) subsumieren Sie den Sachverhalt unter die Norm; und schließlich (4.) kommen Sie zum Ergebnis, d. h. zur Beantwortung der oben unter (1.) gestellten Frage.

6. *Trotz allem* wird auch heute noch von Ihnen erwartet, daß Sie die *Regeln der Rechtschreibung, Zeichensetzung und Grammatik* beherrschen. Bei aller Hektik und Nervosität vor allem während einer Prüfungsarbeit sollte auf diese drei Punkte Wert gelegt werden. Es kommt Ihnen zugute, wenn Sie auch insoweit eine richtige Arbeit abgeben. Denn der

Korrektor ist Ihnen mit Sicherheit gewogen, wenn er eine äußerlich einwandfreie Arbeit zu beurteilen hat.

7. Grundsätzlich gilt für *Hausarbeiten* das gleiche wie für Klausuren. Zu beachten bleibt jedoch, daß der Zeitfaktor bei einer Hausarbeit eine größere Rolle spielt, als viele es glauben wollen. Zu leicht unterläuft der Fehler, daß man den Zeitraum bis zur Abgabe der Hausarbeit überschätzt. Deswegen kann man die Arbeit schließlich nicht in Ruhe zu Ende führen. Darum ist es ganz wichtig, einen *Zeitplan* zu erstellen.

a) Die Vorbereitung der Arbeit

aa) Bestimmen Sie zunächst den *Zeitpunkt, zu dem die Hausarbeit geschrieben werden soll*: Wollen Sie die Ferienhausarbeit, die 1. oder die 2. Hausarbeit schreiben? – Beachten Sie auch, daß man nicht zu früh in eine Übung gehen soll. Am besten ist es, sie erst nach dem Besuch der Vorlesung zu absolvieren, die den Stoff behandelt hat.

Dieser Rat stößt immer auf taube Ohren. Ich habe ihn früher selbst nicht befolgt. Wenn ich ihn hier trotzdem weitergebe, so deshalb, weil er mir in der Rückschau richtig erscheint. Sie lösen Fälle, die Ihnen im 3. oder 4. Semester erhebliche Schwierigkeiten machen, einige Zeit später „mit der linken Hand". Deswegen wage ich auch zu bezweifeln, ob das frühe „Erschlagen der Scheine" im Hinblick auf ein möglichst zügiges Studium sinnvoll ist. Mir scheint eher das Gegenteil der Fall zu sein.

bb) Halsen Sie sich nicht zu viel Arbeit auf. Gerade zu Beginn eines Semesters wird auch in anderen Veranstaltungen von Ihnen oft viel verlangt. Denken Sie auch daran, wenn Sie den Termin für Ihre Hausarbeit festlegen. Und vergessen Sie vor der Entscheidung für die Ferienhausarbeit nicht, daß die Semesterferien auch zur Erholung da sind. Man geht in vieler Hinsicht abgeklärter ins nächste Semester, wenn man seine juristischen Studien für kurze Zeit unterbrochen hat.

Wenn Sie sich für eine Hausarbeit entschieden haben, sollten Sie sich schnell einen Überblick über die Probleme verschaffen. So können Sie sich frühzeitig die *einschlägige Literatur besorgen*. (In vielen Büchereien sind zu Hausarbeitszeiten nach einigen Tagen alle wichtigen Exemplare vergeben oder jedenfalls nicht greifbar. Auch hier gilt darum: Wer zuerst kommt, mahlt zuerst.) Beachten Sie, daß es außer der Institutsbibliothek andere Stellen gibt, an denen Sie auf dort nicht gefundene Bücher zugreifen können: denken Sie an die Universitätsbibliothek, an eventuell vorhandene Literaturbestände älterer Semester usw.

Vergessen Sie nicht, sich bald nach jemandem umzusehen, der Ihnen die Schreibarbeit erledigt. Denn Sie sollten möglichst ein *maschinengeschriebenes Exemplar* Ihrer Lösung abgeben.

b) Die Anfertigung der Hausarbeit

aa) Erstellen Sie eine *vorläufige Gliederung* Ihrer Lösung. In ihr muß sich die Lösung in ihren Grundstrukturen wiederfinden. Die Gliederung braucht nicht mehr zu enthalten als den ungefähren Gedankengang der Arbeit, so wie er Ihnen vorschwebt. Sie werden merken, daß sich bei der Niederschrift Ihrer Arbeit neue Probleme stellen und manche, die Ihnen anfangs wichtig erschienen, Makulatur werden.

Sie werden nicht selten den Rat finden, die Hausarbeit zunächst als Klausur zu lösen: dies führe Sie zu den relevanten Fragen, die dann anschließend anhand von Literatur und Rechtsprechung nur noch beantwortet oder vertieft zu werden bräuchten. — Wenn Sie sich die Arbeit machen wollen, steht dem natürlich nichts im Wege. Nach meiner Erfahrung ist eine solche Niederschrift allerdings fruchtlos. Denn sie bleibt in aller Regel im Ansatz stecken. Hausarbeiten sind nun einmal nicht so einfach, daß man sie von Anfang bis Ende in den 5 Stunden, die üblicherweise für eine Klausurbearbeitung anzusetzen sind, zu Ende lösen kann. Gehen Sie aber schon am ersten Problempunkt der Hausarbeit in die Irre (und merken dies später!), so ist ein halber Arbeitstag vertan.

bb) Gehen Sie *mit Ihrer vorläufigen Gliederung* jetzt *in die Institutsbibliothek*. Vertiefen Sie die Probleme, die Sie bereits erkannt haben. Scheiden Sie die Fragen aus, die Ihnen anfangs zweifelhaft erschienen, die aber nach einer ersten Heranziehung von Rechtsprechung und Literatur ihre Bedeutung verloren haben.

cc) *Verfeinern Sie Ihre Gliederung*. Sie werden jetzt einiges mehr wissen als im Zeitpunkt der ersten Gliederung, die Sie ganz am Anfang Ihrer Bemühungen erstellt haben.

dd) Gehen Sie jetzt zur *Ausarbeitung* über. Diese Formulierungsphase sollte ca. 1 Woche vor Abgabe der Arbeit abgeschlossen sein, damit Sie noch Zeit haben, die Arbeit für ein oder zwei Tage in die Schublade zu legen. Wenn Sie danach etwas Abstand von Ihrer Lösung gefunden haben, werden Sie vielleicht manche Ihrer Formulierungen auf Anhieb nicht mehr verstehen. Haken Sie hier nach und schreiben Sie diesen Teil neu.

ee) Wenden Sie sich jetzt den Teilen der Lösung zu, die für eine Hausarbeit unentbehrlich sind. Sehen Sie die *Fußnoten* durch und überprüfen Sie diejenigen, bei denen Sie sich nicht (mehr) sicher sind, ob sie stimmen. Fertigen Sie das *Literaturverzeichnis* an: es ist nichts einfacher, als die Fußnoten von vorne nach hinten durchzusehen, die Literaturstellen herauszuschreiben und in vollständiger Fassung in das Literaturverzeichnis zu übernehmen. Wenn sich im Zuge der Bearbeitung Änderungen in der *Gliederung* ergeben haben, ergänzen Sie insoweit und vergessen Sie vor allem nicht, in die Gliederung die Seiten zu übernehmen, auf denen der jeweilige Gliederungspunkt angesiedelt ist. Auf ein *Abkürzungsverzeichnis* können Sie in aller Regel verzichten.

c) Die Abgabe der Hausarbeit

aa) Geben Sie die Arbeit *pünktlich* ab. Der Rat scheint überflüssig, ist es — wie die Erfahrung lehrt — aber nicht. Mir ist ein Fall bekannt, in dem im Assessorexamen (!) eine Arbeit zu spät abgegeben worden ist, weil der Examenskandidat das Ende der Bearbeitungszeit unter Zuhilfenahme der §§ 187, 188 BGB selbst (und falsch!) berechnet hat. Wenn Sie Ihre Arbeit zur Post geben, sollten Sie den Schalterbeamten bitten, dafür zu sorgen, daß das *Datum des Poststempels gut lesbar* ist. Sie können sich so manchen Ärger ersparen.

bb) Lassen Sie sich die *Besprechung der Hausarbeit* nicht entgehen. Nachdem Sie mehrere Wochen an der Lösung gearbeitet haben, sollten Sie eigentlich schon deswegen an der richtigen Beantwortung der in der Aufgabe gestellten Fragen interessiert sein. Im übrigen ist Ihnen die Besprechung auf jeden Fall für die Zukunft von Nutzen: nach aller Erfahrung machen Sie die jetzt erkannten Fehler nicht noch einmal!

1. Abschnitt

Prozessuale Probleme:
Prüfungsreihenfolge Zulässigkeit – Begründetheit der Klage,
Angabe des Klagegrundes,
Bestimmtheit des Klageantrages,
Prozeßführungsbefugnis,
Rechtsschutzinteresse,
Objektive und subjektive Klagenhäufung.

Materiellrechtliches Problem:
Kollektive Beleidigungsfähigkeit der Frauen.

Ausgangsfall („Die anstößigen Titelbilder")

Im V-Verlag erscheint das Magazin S, dessen Chefredakteur C ist. Den zehn Klägerinnen mißfällt die Art der Darstellung von Frauen auf den Titelseiten dieses Magazins. Deshalb reichen sie beim zuständigen Gericht Klage mit dem Antrag ein,

„die Beklagten (Verlag V und Chefredakteur C) zu verurteilen, *es* bei Vermeidung eines vom Gericht für jeden Fall der Zuwiderhandlung festzusetzenden Ordnungsgeldes und für den Fall, daß dieses nicht beigetrieben werden kann, einer Ordnungshaft oder einer Ordnungshaft bis zu 6 Monaten *zu unterlassen*,
die Klägerinnen dadurch zu beleidigen, daß auf den Titelseiten des Magazins „der stern" Frauen als bloßes Sexualobjekt dargestellt werden und dadurch beim männlichen Betrachter der Eindruck erweckt wird, der Mann könne über die Frauen beliebig verfügen und sie beherrschen; hilfsweise, auf den Titelseiten des Magazins „der stern" Frauen als beliebig verfügbares beherrschbares Objekt darzustellen, wie insbesondere auf den Titelbildern des „stern" Nr. 24/78 erstes und zweites Titelbild, Nr. 16/78, Nr. 12/78, Nr. 4/78 und Nr. 25/77".

Wie wird das Gericht entscheiden?

Lösung

1. Das Vorgehen des Gerichts

Gefragt ist ein Entscheidungsvorschlag für das erkennende Gericht. Dafür ist es wichtig zu wissen, welche Gesichtspunkte das Gericht prüfen muß, um zu einer Entscheidung zu gelangen. Für ein *klagestattge-*

bendes Urteil müssen *sämtliche Erfolgsvoraussetzungen* vorhanden sein. Bei der *Klageabweisung* hingegen genügt grundsätzlich schon das *Fehlen einer Voraussetzung* zur Abweisung der Klage.

Hier taucht bereits ein Problem auf. Wie soll das Gericht verfahren, wenn die *Zulässigkeit* der Klage erst nach eingehender Prüfung bejaht oder verneint werden kann, die *Unbegründetheit* der Klage aber offensichtlich ist? Es liegt auf der Hand, daß der sofortige „Durchgriff" auf die Begründetheitsprüfung, die Abweisung der Klage als *jedenfalls unbegründet*, den Gerichten manche Arbeit ersparen würde. In unserem Fall etwa ist die kollektive Beleidigungsfähigkeit der Klägerinnen mühelos zu verneinen. Damit ist die Klage unbegründet. All die Überlegungen zur Zulässigkeit der Klage, die hier immerhin 6 Seiten umfassen, bräuchten nicht angestellt zu werden. Dennoch: einer der „fundamentalsten Prozeßgrundsätze der traditionellen Rechtslehre"[1] lautet, daß *ein Gericht nicht sachlich entscheiden darf, bevor nicht die Zulässigkeit der Klage feststeht*[2]. Die Sachurteilsvoraussetzungen müssen danach vorliegen, gleichviel ob die Klage nun materiell begründet oder unbegründet ist. Dies gilt auch, wenn sich die Unbegründetheit ohne viel Aufhebens feststellen ließe, die Zulässigkeitsprüfung dagegen erhebliche Schwierigkeiten bereitet.

Wie Sie wissen, werden die *Sachurteilsvoraussetzungen* eingeteilt in solche, die *von Amts wegen* geprüft[3] werden, und andere, die durch *Einrede* geltend gemacht werden müssen[4]. Die letztgenannten sind die sogenannten *Prozeßhindernisse*.

Bevor ich auf den Meinungsstreit in dieser Frage eingehe, einige Bemerkungen zu den soeben gebrauchten Begriffen. Die *Terminologie* ist, wenn es um die Zulässigkeit einer Klage im Zivilprozeß geht, nicht einheitlich. Überwiegend werden die *Zulässigkeitsvoraussetzungen* als „Prozeßvoraussetzungen" bezeichnet. Genau genommen ist der Begriff falsch. Wenn nämlich z. B. dem Kläger das Rechtsschutzinteresse fehlt oder statt des angerufenen Amtsgerichts das Landgericht sachlich zuständig ist, mangelt es zwar an einer Zulässigkeitsvoraussetzung. Dennoch findet ein Prozeß statt, in dem freilich über nicht mehr als eben diese Voraussetzungen befunden und die Klage durch sogenanntes Prozeßurteil als unzulässig abgewiesen wird. Einleuchtender ist es m. E., unter dem Oberbegriff „Zulässigkeitsvoraussetzungen" nach *Prozeßvoraussetzungen* im eigentlichen Sinne des Wortes — die gibt es nämlich! — und *Sachentscheidungsvoraussetzungen* zu unterscheiden. *Fehlt eine Prozeßvoraussetzung, kommt kein Prozeß zustande*: es wird kein Termin zur mündlichen Verhandlung anberaumt, und das Gericht stellt dem in der Klageschrift als Beklagten Bezeichneten die Klageschrift nicht zu. — *Fehlt eine Sachentscheidungsvoraussetzung, kommt es nicht zur Entscheidung „in der Sache"*, d. h.

---

1 Schlosser, Jura 1979, 20, 22
2 Vgl. Rosenberg/Schwab, § 97 V 6
3 Dazu im 3. Abschn. S. 47.
4 Im Zweifelsfall lesen Sie bitte unbedingt nach; etwa bei Zeiss, § 41 III, IV.

über die materiellrechtliche Begründetheit; das ist grob gesprochen der BGB-Teil des Falls. Man bleibt gleichsam im Formalen – dem Prozeßrecht – stecken. Die Klage wird, wie gesagt, als unzulässig abgewiesen.

Dazu die *Übersicht*[5]:

Die Zulässigkeitsvoraussetzungen

I. Prozeßvoraussetzungen

- Prozeßkostenvorschuß (§ 65 GKG)
- Unterzeichnung der Klage
- kein offenkundiges Fehlen der deutschen Gerichtsbarkeit
- Funktionelle Zuständigkeit
- Postulationsfähigkeit

II. Sachentscheidungsvoraussetzungen

1. die Parteien betreffend

- Existenz
- Parteifähigkeit
- Prozeßfähigkeit
- Prozeßführungsbefugnis
- Rechtsschutzinteresse
  bei der Feststellungsklage: § 256 I
- Prozeßvollmacht eines Vertreters

2. das Gericht betreffend

- ordnungsgemäßige Klageerhebung
- deutsche Gerichtsbarkeit
- Zulässigkeit des Rechtswegs
- Zuständigkeit
  - sachlich
  - örtlich
  - international

3. die Streitsache betreffend

- keine anderweitige Rechtshängigkeit
- keine anderweitige Rechtskraft

4. Besondere Sachentscheidungsvoraussetzungen

a) z. B. bei Klageänderung: § 263 (i.V.m. §§ 264, 267)
b) z. B. bei Widerklage[6]: § 33

---

[5] Notfalls sollten Sie sich anhand eines Lehrbuchs den Inhalt der Begriffe vergegenwärtigen; vgl. etwa Zeiss, § 41 I–III.

[6] S. unten im 5. Abschn. S. 76.

III. Prozeßhindernisse

1. Einrede der mangelnden Kostenerstattung (§ 269 IV)
2. Einrede der mangelnden Sicherheit für die Prozeßkosten (§§ 110 ff)
3. Einrede des Schiedsvertrags (§ 1027 a).

Zurück zur Frage, ob die Prüfung der Sachentscheidungsvoraussetzungen der Begründetheitsprüfung stets vorauszugehen hat (nebenbei bemerkt: die Prüfung der *Prozeßvoraussetzungen* hat selbstverständlich absoluten Vorrang). Der traditionellen Ansicht, die im Vorrang der Sachurteilsvoraussetzungen den „wohlbegründeten, ja selbstverständlichen Stufenaufbau unseres Prozesses" sieht[7], steht gegenüber die Lehre von den grundsätzlich gleichwertigen Erfolgsvoraussetzungen[8]. Allerdings darf diese Lehre nun nicht dahin verstanden werden, daß tatsächlich alle Voraussetzungen für den Erfolg einer Klage absolut gleichwertig wären. Sie wendet sich nur gegen einen Prüfungs- und Entscheidungsvorrang der Prozeßvoraussetzungen aufgrund einer Generalbegründung[9]. Der Vorrang soll sich vielmehr allein aus Sinn und Zweck der jeweiligen Voraussetzung selbst ergeben.

Richtet sich eine offensichtlich unbegründete Klage gegen eine *nicht prozeßfähige Partei*, so dürfte dennoch die Klage nicht als jedenfalls unbegründet abgewiesen werden: Aus dem Grundrecht des rechtlichen Gehörs (Art. 103 Satz 1 GG) folgt, daß einer nicht ordnungsgemäß vertretenen Partei nicht mit rechtskräftiger Entscheidung ein materiellrechtlicher Anspruch aberkannt werden darf[10].

Gleiches gilt für die *Zuständigkeitsvorschriften*, deren Zweck die Gewährleistung des gesetzlichen Richters ist[11], und die Prozeßvoraussetzung des *Fehlens einer rechtskräftigen Entscheidung über denselben Streitgegenstand*. Hier würde nicht nur der Sieger des Vorprozesses, sondern auch das öffentliche Interesse an Rechtssicherheit und -frieden beeinträchtigt, könnte der Zweitrichter diese Frage dahingestellt sein lassen und jedenfalls sachlich entscheiden[12].

Es handelt sich in diesen Fällen um Sachentscheidungsvoraussetzungen von Verfassungsrang.

Zu keiner Priorität kommt auch die Lehre vom grundsätzlichen Prüfungsvorrang der Sachentscheidungsvoraussetzungen beim *Rechtsschutzinteresse*[13]. Das Rechtsschutzbedürfnis/-interesse „soll unnötige Arbeit von der Justiz abwehren und den Beklagten vor unnötiger Verwicklung in ein Verfahren schützen"[14]. Widersinnig wäre es unter diesem Aspekt,

---

[7] So JAUERNIG, FS für Schiedermair, S. 289, 311.

[8] Vgl. GRUNSKY, Grundlagen, § 34 III; RIMMELSPACHER, Zur Prüfung von Amts wegen im Zivilprozeß, 1966, S. 51 ff.

[9] RIMMELSPACHER, ZZP 88, 245; SCHLOSSER, Jura 1979, 20, 23, spricht von „begriffsjuristischen Prämissen".

[10] POHLE, ZZP 81, 161, 166 f; ZEISS § 41 VI 3.

[11] SCHWAB, JuS 1976, 69, 70; ZEISS, § 41 VI 3; a. A. SCHLOSSER, ZPR I, Rdn. 304.

[12] GRUNSKY, Grundlagen, § 34 III 2.

[13] Dazu BGH WM 1978, 935 f; JAUERNIG § 35 I.

[14] SCHLOSSER, ZPR I, Rdn. 303.

eine schwierige Prüfung des Rechtsschutzbedürfnisses zu verlangen, wenn die Klage ganz offensichtlich unbegründet ist.

In schriftlichen Arbeiten ist es sicherer und deshalb meist vorzugswürdiger, bei der *traditionellen Prüfungsreihenfolge Zulässigkeit vor Begründetheit* zu bleiben[15]. Nur wenn man sich seiner Sache ganz sicher ist, sollte man davon abgehen, dann aber, falls vorhanden, einen besonders problematischen Punkt innerhalb der Sachentscheidungsvoraussetzungen hilfsweise erörtern. Eine solche ökonomische Vorgehensweise wird man im Ernstfall honorieren. — Ungeklärt ist schließlich auch die Frage, ob es innerhalb der Sachentscheidungsvoraussetzungen eine bestimmte Rangfolge gibt[16]. Verzichten Sie insoweit auf nutzlose Profilierungsversuche und prüfen Sie in einer Arbeit Unproblematisches gar nicht, weniger Problematisches vorweg und problematische Sachentscheidungsvoraussetzungen am Ende der Zulässigkeitsstation.

2. Die Zulässigkeit der Klage

a) Angabe des Klagegrundes

Auffallend an der Aufgabenstellung ist zunächst, daß ein den erhobenen Anspruch stützender Sachverhalt fehlt. Für eine ordnungsgemäße Klage ist aber nach § 253 II Nr. 2 ZPO die Angabe des Klagegrundes erforderlich. Klagegrund ist der Sachverhalt, aus dem der Kläger die begehrte Rechtsfolge herleitet. Mangelt es an dieser Angabe, ist die Klage unzulässig.

Aber Vorsicht: aus diesem Grund die Zulässigkeit der Klage zu verneinen, wäre schon taktisch verfehlt. Denn damit stände die Lösung nach vier Sätzen bereits fest. Das entspricht sicherlich nicht der Intention des Aufgabenstellers. Den Ausweg böte ein *Hilfs*gutachten, in dem die restlichen Probleme des Falles erörtert werden müßten. Wo aber Hilfe notwendig ist, indiziert das die Schwäche des Hauptgutachtens[17]. Grund genug, die Lösung zu überdenken!

Der Fehler liegt hier in der Prämisse. Die Klage ist nämlich *nur dann unzulässig, wenn überhaupt keine Tatsache* zur Begründung des Rechtsfolgebegehrens, des Antrags, vorhanden ist. Die Klage ist aber zulässig, wenn der Anspruch individualisiert, also von anderen Ansprüchen abgrenzbar ist.

Daß sich aus dem Tatsachenvortrag die begehrte Rechtsfolge *ergibt*, ist hingegen kein Zulässigkeitsproblem mehr: ist das Vorbringen des Klägers zu unvollständig, um das Rechtsfolgebegehren zu rechtfertigen, ist die Klage unschlüssig[18].

---

[15] So auch SCHLOSSER, aaO., Rdn. 304.

[16] Dazu ZEISS, § 41 VII.

[17] Vgl. die Ausführungen im 3. Abschn. S. 40.

[18] Z. B. mit der Konsequenz, daß ein Versäumnisurteil gegen den Beklagten nicht ergehen dürfte, die Klage vielmehr durch sog. unechtes Versäumnisurteil abzuweisen wäre — vgl. im 3. Abschn. S. 49.

Hier erscheint es gut vertretbar, von einer hinreichenden Individualisierung auszugehen. Weil klar ist, an welchen Publikationen die Klägerinnen Anstoß nehmen, besteht keine Verwechslungsgefahr.

b) Bestimmtheit des Klageantrags

Fortzufahren ist mit der Frage, ob der klägerische Antrag ausreichend bestimmt ist (§ 253 II Nr. 2 ZPO). Das Bestimmtheitserfordernis soll gewährleisten, daß sich der Beklagte sinnvoll verteidigen kann.

Bei der hier erhobenen Unterlassungsklage handelt es sich um einen Unterfall der Leistungsklage. Die Leistungsklage dient der prozessualen Verwirklichung materiellrechtlicher Anprüche. Dementsprechend ist die Leistungsklage das richtige Mittel zur Verwirklichung eines *jeden* materiellrechtlichen Anspruchs[19]. Nach § 194 Abs. 1 BGB kann Inhalt eines Anspruchs *auch* sein, von einem anderen ein *Unterlassen* zu verlangen.

Ob der an sich statthafte Antrag, den Beklagten zu einer Unterlassung zu verurteilen, bestimmt genug ist, muß danach beurteilt werden, ob *sein Inhalt vollstreckt werden kann.*

Die Durchsetzung von Verpflichtungen zur Duldung und Unterlassung richtet sich nach § 890 ZPO. Voraussetzung ist danach ein vollstreckbares Verbotsurteil[20]. Bei einer Zuwiderhandlung gegen dieses Urteil hat das Prozeßgericht des ersten Rechtszuges auf Antrag des Gläubigers den Schuldner zu einem Ordnungsgeld bzw. einer Ordnungshaft zu verurteilen. Das zur Vollstreckung zuständige Gericht ist also *darauf beschränkt, den Verstoß gegen das Verbotsurteil festzustellen.* Daraus folgt zwingend, daß der Titel nicht so gefaßt sein darf, daß das Vollstreckungsgericht Funktionen des erkennenden Gerichts wahrnehmen muß. Wenn es hier aber bei jedem Vollstreckungsantrag zu prüfen hätte, welcher „Eindruck erweckt wird", müßte es jeweils erneut fragen, ob die Voraussetzungen des materiellrechtlichen Unterlassungsanspruchs vorliegen[21].

Abgesehen von diesen vollstreckungsrechtlichen Erwägungen *fordert das Verfassungsrecht bei Urteilen, die eine Handlung verbieten, einen bestimmten Ausspruch.* Das Ordnungsgeld oder die Ordnungshaft nach § 890 Abs. 1 ZPO haben nämlich nach ganz überwiegender Auffassung strafrechtlichen Charakter[22]. „Die strafrechtliche oder strafrechtsähnliche Ahndung einer Tat ohne Schuld des Täters ist aber rechtsstaatswidrig und

---

[19] Lüke, JuS 1969, 301, 303.

[20] Baumbach/Lauterbach/Albers/Hartmann, § 890 Anm. 1 Ba.

[21] LG Hamburg, NJW 1980, 56, 57; diesem Urteil ist vorliegender Fall nachgebildet.

[22] Vgl. z. B. BVerfGE 58, 159, 162f.

verletzt dadurch den Betroffenen in seinem Grundrecht aus Art. 2 Abs. 1 GG“[23]. Die Bestimmtheit ist hier also auch unter dem Aspekt des „nulla poena sine lege certa“ zu sehen. Der Schuldner muß von vornherein wissen können, welche Handlung ihm untersagt ist. – *Hier* fehlt es an einem dementsprechenden Antrag.

Exkurs:

Von diesem Erfordernis des bestimmten Klageantrags gibt es Ausnahmen.

Die *Stufenklage nach § 254 ZPO* gestattet es etwa dem Kläger, der Ansprüche auf Herausgabe des durch eine Geschäftsbesorgung Erlangten hat (§ 667 BGB), auch dann, wenn der Schuldner die Pflicht zur Rechnungslegung noch nicht erfüllt hat, der *Umfang des Herausgabeanspruchs also noch gar nicht bekannt sein kann*, Klage auf Herausgabe zu erheben. Der Kläger soll dadurch in die Lage versetzt werden, durch eine zulässige Klage die Verjährung zu unterbrechen[24]. Im Wege der objektiven Klagenhäufung (§ 260 ZPO) beantragt der Kläger hier (1.) Rechnungslegung – unter Umständen (2.) Eidesstattliche Versicherung – und (3.) endlich die Herausgabe selbst.

Die andere Ausnahme hat ihren Grund in einer spezifischen Methode richterlicher Entscheidungsfindung. Nach § 287 ZPO kann das Gericht die Höhe eines Schadens schätzen, nach § 847 BGB kann das Gericht als Schmerzensgeld ein billige Entschädigung zusprechen. In beiden Fällen entscheidet das Gericht *nach freier Überzeugung*. Der exakte Inhalt der gerichtlichen Entscheidung läßt sich demgemäß nicht sicher voraussehen. Darum ist dem Kläger in diesen Fällen ein genau bezifferter Antrag nicht zuzumuten. Fordert er nämlich nach dem Ermessen des Gerichts zuviel, trägt er nach § 92 ZPO einen Teil der Kosten, fordert er zuwenig, so ist das Gericht, auch wenn es den Anspruch höher einschätzt, nach § 308 Abs. 1 ZPO an den Antrag gebunden und kann dem Kläger nicht mehr zusprechen. – Deshalb kann der Kläger z. B. die Verurteilung zu einem *„in das Ermessen des Gerichts gestellten Schmerzensgeld“* beantragen. Notwendig ist aber, daß der Antrag die ungefähre Größenordnung des Anspruchs erkennen läßt[25].

c) Prozeßführungsbefugnis

Mit dem Hauptantrag fordern die Klägerinnen das Verbot, sie durch die einen bestimmten Eindruck erweckende Darstellung von Frauen zu beleidigen, mit dem Hilfsantrag schlechterdings die Untersagung einer bestimmten Darstellung der Frau. Damit dürfte die Prozeßführungsbefugnis der Klägerinnen problematisch werden.

Die Prozeßführungsbefugnis ist Sachurteilsvoraussetzung[26].

---

[23] BVerfG aaO.
[24] ZEISS, § 46 I 2 c, aa.
[25] BGH NJW 1982, 340; dazu und zur Beschwer unten S. 87.
[26] THOMAS/PUTZO, Bem. II 1 h vor § 253.

Was versteht man nun unter der Prozeßführungsbefugnis? Zerlegen Sie den Begriff: es geht um die Befugnis, einen (Zivil-) Prozeß zu führen, konkreter: ein Recht im Prozeß geltend zu machen. Diese Befugnis hat grundsätzlich nur derjenige, dem das Recht nach seiner Behauptung zusteht. Die Prozeßführungsbefugnis ist also die Kehrseite der materiellrechtlichen Befugnis. So wird verhindert, daß sich ein Dritter zum Sachwalter fremder Interessen aufschwingt.

Eine Zwischenfrage: Warum eigentlich hat die Wissenschaft die *ungeschriebene Sachentscheidungsvoraussetzung* „Prozeßführungsbefugnis" geschaffen? Viel einfacher wäre es doch, nur denjenigen *als Partei* anzusehen, der materiellrechtlich Beteiligter eines Rechtsverhältnisses ist. So könnte etwa grundsätzlich nur der Inhaber eines Anspruchs auch Kläger, nur der Schuldner auch Beklagter sein. Die Klage eines Dritten, dem der Anspruch nicht zusteht, wäre demnach unzulässig, weil er *nicht Partei* ist. – Die Antwort auf diese Frage ergibt sich aus dem Parteibegriff im Zivilprozeß. Er ist formeller Natur. *Partei ist derjenige, der im eigenen Namen Rechtsschutz begehrt (Kläger) sowie derjenige, gegen den Rechtsschutz begehrt wird (Beklagter).* Es kommt also auf die Bezeichnung in der Klageschrift an. Wenn das aber nach dem heutigen *formellen Parteibegriff* so ist, so muß sich an anderer Stelle entscheiden, ob die (formelle) Partei auch die *richtige Partei* ist. Eben diese Entscheidung ist unter der Überschrift „Prozeßführungsbefugnis" zu treffen.

Nun gibt es aber doch Fälle, in denen ein Dritter ein fremdes Recht geltend machen darf: der Miterbe kann nach § 2039 S. 1 BGB einen Anspruch der Erbengemeinschaft einklagen; trotz Abtretung eines eingeklagten Anpruchs bleibt darüber hinaus der bisherige Kläger Partei (§ 265 II 1 ZPO). Hier überträgt bzw. beläßt das Gesetz also einem Dritten, Anspruchsfremden, die Prozeßführungsbefugnis. Man spricht dann von *Prozeßstandschaft* und, wenn man die Person des Dritten im Auge hat, vom *Prozeßstandschafter*. Und man unterscheidet zwischen der *gesetzlichen* Prozeßstandschaft (Beispiele finden sich ferner in §§ 335, 432, 1368 BGB) und der *gewillkürten* Prozeßstandschaft, bei der die Prozeßführungsbefugnis durch Rechtsgeschäft auf den Prozeßstandschafter übertragen wird.

Es liegt auf der Hand, daß eine solche *gewillkürte Prozeßstandschaft nicht ohne weiteres möglich* ist. Denn andernfalls würde der Popularklage, die durch die Sachentscheidungsvoraussetzung Prozeßführungsbefugnis verhindert werden sollte, Tor und Tür geöffnet. Deshalb verlangt man weithin[27] für die *Zulässigkeit der gewillkürten* Prozeßstandschaft

aa) die Zustimmung des Rechtsinhabers dazu, daß ein Dritter im eigenen Namen das fremde Recht geltend macht;

bb) die Abtretbarkeit des Rechts selbst oder jedenfalls die Möglichkeit, das Recht zur Ausübung einem anderen zu überlassen;

cc) ein eigenes schutzwürdiges Interesse des Dritten, also des Prozeßstandschafters.

---

[27] Einzelheiten bei THOMAS/PUTZO, § 51 Anm. IV 4 a.

Zurück zu unserem Fall. Mit dem Hauptantrag behaupten die Klägerinnen immerhin, sie würden durch das Verhalten der Beklagten beleidigt, d. h. in einem eigenen Recht, nämlich der Ehre betroffen. Daraus kann sich ein Anspruch aus §§ 823, 1004 BGB ergeben. Das reicht für die Prozeßführungsbefugnis aus[28]. – Ob der Anspruch besteht, ist nämlich eine Frage der *Sachlegitimation*. Sie ist nach der Lehre vom formellen Parteibegriff scharf von der Prozeßführungsbefugnis zu unterscheiden; bei ihr handelt es sich um nichts anderes als um die *materiellrechtliche Zuständigkeit in Bezug auf das Recht*[29] und somit um eine Begründetheitsfrage.

Die Formulierung des Hilfsantrags hingegen läßt nicht erkennen, daß die Klägerinnen ein ihnen zustehendes Recht geltend machen. Insoweit handelt es sich um eine unzulässige Popularklage.

d) Rechtsschutzinteresse

In seiner Rezension der diesem Fall zugrundeliegenden Entscheidung des LG Hamburg[30] äußert SCHLOSSER[31] Bedenken bezüglich des Rechtsschutzinteresses: einiges spreche für die Mißbräuchlichkeit der Klageerhebung, die in Wirklichkeit auch des politischen Effekts halber erhoben worden sei. Der karge Sachverhalt hier gibt keine Veranlassung, in einer Fallbearbeitung darauf einzugehen.

Allgemein zum Rechtsschutzinteresse oder Rechtsschutzbedürfnis: Inhalt des Rechtsschutzinteresses ist die prozessuale Ausformung des allgemeinen Mißbrauchsverbots[32]. Die Rechtsprechung hat dies zu Fallgruppen konkretisiert[33]. Der Hauptfall ist der, daß der Kläger sein Ziel auf andere Weise als durch Klage besser, billiger oder einfacher erreichen kann[34]. Nach allgemeiner Auffassung ist das Rechtsschutzbedürfnis Sachentscheidungsvoraussetzung[35].

e) Objektive Klagenhäufung

Unproblematisch ist hier die Zulässigkeit der objektiven Klagenhäufung, d. h. der Verbindung mehrerer Ansprüche in einer Klage. Die beiden Anträge der Klägerinnen richten sich gegen dieselben Beklagten, dasselbe Gericht ist zuständig, dieselbe Prozeßart zulässig: *§ 260 ZPO.*

---

[28] Vgl. SCHLOSSER, ZPR I, Rdn. 256.
[29] THOMAS/PUTZO, Bemerkung I B 2 vor § 253.
[30] NJW 1980, 56.
[31] Jura 1979, 20, 21.
[32] ZEISS, § 43.
[33] Überblick bei ZEISS, aaO.
[34] So auch ROSENBERG/SCHWAB, § 93 IV 1.
[35] ZEISS, § 43 VI.

Die beiden Anträge sind hier in Form der *eventuellen Klagenhäufung* hintereinander gestellt: Der Hilfsantrag ist nur für den Fall der Erfolglosigkeit des Hauptantrags erhoben. Bei solcher Konstellation taucht stets das Problem auf, daß der Hilfsantrag unter der *Bedingung* der Abweisung des Hauptantrags steht. *Grundsätzlich sind aber bedingte Prozeßhandlungen wegen der damit verbundenen Ungewißheit der prozessualen Situation unzulässig.* Doch herrscht Einigkeit darüber, daß solche *Hilfsanträge* weitgehend zulässig sind. Begründen läßt sich dies am ehesten mit dem Argument der Prozeßökonomie[36]. Ein neuer Rechtsstreit über den Hilfsanspruch soll vermieden werden. Das erklärt auch die weiteren Voraussetzungen: Haupt- und Hilfsanspruch müssen verschiedene Streitgegenstände haben; sie müssen juristisch oder wenigstens wirtschaftlich auf dasselbe oder ein gleichwertiges Ziel gerichtet sein[37]. – Die Gleichartigkeit des Ziels läßt sich hier ohne weiteres bejahen. Schwierigkeiten bereitet es allerdings festzustellen, ob zwei verschiedene Streitgegenstände vorliegen. Doch ist dies nur die Folge der unbestimmten Fassung der beiden Anträge.

f) Subjektive Klagenhäufung

Die Klage ist von 10 Klägerinnen gegen 2 Beklagte erhoben. Dabei entstehen Prozeßrechtsverhältnisse zwischen jeder Klägerin und jedem Beklagten (insgesamt also 20). Diese Beziehungen sind prinzipiell zu trennen. Dennoch würde es hier nur zu einer grotesken Vielschreiberei führen, wollte man unbesehen dem Rat folgen, sämtliche Prozesse getrennt darzustellen[38]. Wenn offensichtlich ist, daß diese Trennung keine Erkenntnisse zutage fördert, sollte man alle Klagen getrost einheitlich prüfen[39].

Es handelt sich bei diesen mehreren Klagen um einen Fall der Streitgenossenschaft oder „subjektiven Klagenhäufung". Deren Zulässigkeit ist von der Zulässigkeit der Klage als solcher unabhängig: liegen die Voraussetzungen der Streitgenossenschaft nicht vor, sind die einzelnen Prozesse lediglich durch Beschluß nach § 145 Abs. 1 ZPO zu trennen[40]. Nur unter diesem Aspekt sind somit die Voraussetzungen der §§ 59, 60 ZPO zu untersuchen.

Die einzelnen Fälle der §§ 59, 60 ZPO werden in der Regel nicht streng getrennt. Anerkannt ist vielmehr der Grundsatz, daß eine *Streitgenossenschaft stets dann zulässig sein soll, wenn eine gemeinsame Verhandlung und Entscheidung zweckmäßig ist*[41]. Das ist hier zu bejahen, weil der geltend gemachte Anspruch aus derselben unerlaubten Handlung abgeleitet wird.

---

36 Brox, FS für Carl-Heymanns-Verlag, 1965, S. 121, 122.
37 Brox aaO, S. 123 ff.
38 Zu dem Prinzip s. Schumann, Rdn. 110.
39 Dazu Schlosser, ZPR I, Rdn. 65.
40 S. unten im 2. Abschn. S. 27.
41 Rosenberg/Schwab, § 49 II 1 a.

Wie sich aus den vorangegangenen Zweckmäßigkeitserwägungen ergibt, entspricht das Institut der Streitgenossenschaft den Forderungen der Prozeßökonomie. Zwar bleiben die einzelnen Prozesse selbständig (§ 61 ZPO) und wirken Prozeßhandlungen jeweils für den Prozeß, in dem sie erklärt sind – aus § 63 ZPO folgt jedoch die Notwendigkeit gemeinschaftlicher Verhandlung. Beweisaufnahme und Beweiswürdigung geschehen einheitlich[42]. Die Entscheidung schließlich ergeht grundsätzlich in einem Urteil. Übrigens erfolgt die Verbindung mehrerer Klagen nicht nur aus prozeßökonomischen, sondern auch aus prozeßtaktischen Erwägungen: so sind nämlich alle Beklagten in der Verhandlung *Partei* und können folglich *nicht* als *Zeugen* vernommen werden[43].

3. Begründetheit der Klage

Im Rahmen der Begründetheitsprüfung geht es allein darum, ob den Klägerinnen gegen die Beklagten ein Unterlassungsanspruch zusteht. Die Aufgabe besteht also nicht darin, allgemein die Zulässigkeit einer derartigen Darstellung von Frauen zu erörtern – was gewiß interessant wäre und zudem in diesem Fall sichtlich die Intention der Klägerinnen war.

Als Rechtsgrundlage für diesen Unterlassungsanspruch kommt allein ein sogenannter quasi-negatorischer Unterlassungsanspruch in Frage[44]. Er greift ein gegenüber objektiv rechtswidrigen Verletzungen gesetzlich geschützter Rechtsgüter. Prozessuales Mittel zu seiner Durchsetzung ist die vorbeugende Unterlassungsklage. Voraussetzung ist, daß die künftige Wiederholung des Eingriffs zu befürchten ist[45].

Diese Ausweitung führt allerdings zu einem dogmatischen Problem: So wird die Ansicht vertreten, der Unterlassungsklage liege kein subjektives Privatrecht zugrunde; eine bloße Befürchtung sei kein Tatbestand; zudem würde die Konstruktion eines gegen jedermann gerichteten Anspruchs auf Respektierung bestimmter Rechtsgüter der Figur des subjektiven Privatrechts jede Kontur nehmen[46]. Demzufolge sieht diese Auffassung die *Unterlassungklage* als *prozessuales Institut* des Rechtsschutzes.

Demgegenüber beharrt eine verbreitete Meinung auf einem zugrundeliegenden materiellrechtlichen Anspruch: schon die unmittelbar drohende Rechtsverletzung bilde einen zivilrechtlich relevanten Tatbestand[47]. – Praktisch ist dieser Meinungsstreit ohne Konsequenzen.

---

[42] Schlosser, ZPR I, Rdn. 271.
[43] Vgl. Schlosser, aaO, Rdn. 270.
[44] Vgl. Larenz, Schuldrecht II, § 76 mwN.
[45] Im einzelnen Palandt/Thomas, Einführung 8 b vor § 823.
[46] So Esser/Weyers § 62 IV.
[47] So Larenz aaO.

Um das Bestehen des Unterlassungsanspruchs feststellen zu können, muß also die Verletzung einer gesetzlich geschützten Position der Klägerinnen drohen. In Frage kommt eine Verletzung der Ehre (§ 823 Abs. 2 BGB i. V. mit § 185 StGB) und des allgemeinen Persönlichkeitsrechts (sonstiges Recht im Sinne von § 823 Abs. 1 BGB). Da aber die Klägerinnen nicht selbst auf den Titelbildseiten in der behaupteten Weise abgebildet sind, bleibt allein die Möglichkeit einer Beleidigung der Klägerinnen durch die Darstellung der Frauen in ihrer Gesamtheit. Um eine *kollektive Beleidigung* annehmen zu können, müßte die betroffene Gruppe deutlich abgegrenzt aus der Allgemeinheit hervortreten (andernfalls würde die Annahme der Beleidigung einer einzelnen Person unter einer Kollektivbezeichnung ausufern[48]). Die Gruppe der Frauen ist nun allerdings zum einen derart groß und zum anderen so wenig durch ein einheitliches Schicksal gekennzeichnet, daß die Annahme der Beleidigung jeder einzelnen Frau durch eine möglicherweise gegebene Herabwürdigung der Frauen als solcher nicht anzunehmen ist.
Da die Klägerinnen nicht in einem Rechtsgut verletzt sind, steht ihnen ein Unterlassungsanspruch nicht zu.

Die Klage wäre also schließlich auch unbegründet.

Keine Frage: der Fall ist für eine schriftliche Bearbeitung denkbar ungeeignet. Als Grundlage einer mündlichen Prüfung, in der prozessuales „Kernwissen“ abgefragt werden soll, läßt er sich aber heranziehen. Die illustrierten Magazine sorgen im übrigen dafür, daß er seine Aktualität nicht verliert.

---

[48] Zum Ganzen ausführlich LG Hamburg aaO.

2. Abschnitt

Prozessuale Probleme:
Bedeutung der Streitgenossenschaft,
Erledigung der Hauptsache
(einseitige Erledigungserklärung,
übereinstimmende Erledigungserklärungen),
Klageänderung.

Materiellrechtliches Problem:
Schadensersatzpflicht mehrerer bei unklarer Kausalität („Urheberzweifel“),
§ 830 I 2 BGB

Ausgangsfall („Ein Verkehrsunfall mit Folgen“)

K befuhr mit seinem Motorroller bei Dunkelheit und starkem Nebel die Bundesstraße 2. Auf der Gegenfahrbahn kam ihm B mit seinem Pkw entgegen. Infolge eines Blutalkoholgehalts von 1,8‰ verlor B die Kontrolle über sein Fahrzeug, geriet auf die für ihn linke Fahrbahnseite und stieß dort mit K zusammen. K stürzte und blieb regungslos auf der Fahrbahn liegen. Unmittelbar darauf näherte sich C mit seinem Motorrad der noch ungesicherten Unfallstelle. Da er seine Geschwindigkeit nicht den schlechten Sichtverhältnissen angepaßt hatte, bemerkte er den K zu spät, erfaßte ihn trotz eingeleiteter Bremsung und schleifte ihn noch etwa 10 Meter mit. K erlitt im Verlauf des Gesamtunfalls schwere Verletzungen. Sein rechtes Bein mußte amputiert werden. Ob K durch den ersten oder den zweiten Unfall am Bein verletzt worden war, läßt sich nicht mehr feststellen. Verdienstausfall und Heilungskosten erhielt K von seiner Sozialversicherung ersetzt.

Er verlangt nunmehr von B und C als Gesamtschuldner die Zahlung von 15.000,- DM Schmerzensgeld für den Verlust seines Beines. B und C verweigern mit dem Hinweis auf die Verantwortlichkeit des jeweils anderen die Zahlung. K reicht deshalb durch seinen Anwalt am 1. 9. beim zuständigen Landgericht eine entsprechende Klage ein, die B und C am 15. 9. zugestellt wird. Am 20. 9. erhält K von V, der Kfz-Haftpflichtversicherung des B, 15.000,- DM als Schmerzensgeld ausgezahlt. Der Anwalt des K erklärt daraufhin in der mündlichen Verhandlung die Hauptsache für erledigt und beantragt eine Kostenentscheidung nach § 91 a ZPO. Während der Anwalt des C der Erledigungsklage zustimmt, widerspricht ihr der Anwalt des B und beantragt Klageabweisung.

1. Wie wird das Gericht entscheiden, wenn die Höhe des von K geltend gemachten Schmerzensgeldes unter Berücksichtigung aller Umstände angemessen war?

2. Ändert sich die Entscheidung, wenn K das Schmerzensgeld nicht am 20. 9., sondern bereits am 5. 9. von V überwiesen bekommen hat?

Lösung

I. Zum Aufbau

1. Der Lösungsweg ist weitgehend durch die gestellten *Anträge* und vor allem die beiden Schlußfragen vorbestimmt. K klagt gegen zwei Parteien: gegen B und gegen C. Zwar ist es nicht immer die eleganteste, aber jedenfalls die sicherste Methode, streng nach den einzelnen Klagen zu trennen[1]. Durch das mögliche Vorliegen einer Streitgenossenschaft (§§ 59 ff ZPO) darf man sich nicht irritieren lassen. Für die Zulässigkeit der Klage spielt die Streitgenossenschaft nämlich keine Rolle. Vielmehr *sind die Überlegungen zur Zulässigkeit von Klage und Streitgenossenschaft* sorgfältig *zu trennen: ist die Klage gegen einen Beklagten unzulässig, wird sie durch Prozeßurteil abgewiesen; fehlen die Voraussetzungen der Streitgenossenschaft, so sind die Verfahren nach § 145 ZPO zu trennen*[2]. Das gilt sogar im Falle der notwendigen Streitgenossenschaft nach § 62 ZPO.

Sie liegt zudem hier nicht vor. Denn wegen § 425 BGB entwickelt sich die Verpflichtung jedes Gesamtschuldners prinzipiell eigenständig. Die Sachentscheidung muß deswegen nur ganz ausnahmsweise einheitlich ergehen, etwa wenn die Gesamtschuldner aus rechtlichen oder tatsächlichen Gründen die Leistung nur gemeinsam erbringen können. Dann liegt eine notwendige Streitgenossenschaft vor. Sie kommt hier aber nicht in Betracht[3].

Die weitere Grundstruktur der Lösung richtet sich nach den *Schlußfragen*. Neben dem Grundfall wird eine Abwandlung zur Bearbeitung gestellt. Damit ist die Gliederung weitgehend festgelegt. Bei jeder der beiden Alternativen sind die Klagen K gegen B und K gegen C zu prüfen.

2. a) Bei einer Klausur, die sich wie diese aus zwei alternativen Fallgestaltungen zusammensetzt, empfiehlt es sich, möglichst früh wenigstens eine ungefähre Vorstellung davon zu haben, worauf es bei der Abwandlung ankommen wird. Der Unterschied besteht hier zwischen den Zahlungsterminen. Da also Daten

---

[1] Schumann, Rdn. 101; einschränkend Schlosser, ZPR I, Rdn. 65

[2] Thomas/Putzo, §§ 59, 60 Anm. 3a, b; dazu schon im 1. Abschn. S. 23.

[3] Zur Streitgenossenschaft Zeiss, § 85.

eine Rolle spielen, ist das in der Abwandlung geänderte Datum mit dem sonstigen zeitlichen Ablauf der Fallgeschichte in Zusammenhang zu bringen (auch wenn nur wenige Daten berichtet werden, ist es nützlich, diese kurz in einer Tabelle zusammenzustellen).

b) Im Grundfall liegt die Zahlung des Schmerzensgeldes nach Einreichung und Zustellung der Klage, in der Abwandlung zwischen Einreichung und Zustellung.

Rechtshängig wird eine Klage erst durch Zustellung der Klageschrift an den Beklagten (§ 261 I ZPO i.V.m. § 253 I ZPO). Durch Einreichung bei Gericht wird sie nur *anhängig*. Wenn der Aufgabensteller eine eigene Fallvariante bildet, in der die Auszahlung nicht nach Rechtshängigkeit, sondern zwischen Anhängigkeit und Rechtshängigkeit liegt, so ist dies für den Bearbeiter schon insofern eine Hilfestellung, als ersichtlich wird, daß dies jedenfalls nach Auffassung des Klausurverfassers eine Rolle spielen kann.

II. Der Grundfall: die Klage K gegen B

1. Die *Frage, in welcher Reihenfolge Zulässigkeit und Begründetheit einer Klage zu prüfen sind*, ist keineswegs mehr umstritten[4]. Hier jedenfalls spricht mindestens ein Argument dafür, die Zulässigkeit zuerst zu untersuchen: wenn prozessuale Probleme den Schwerpunkt der Arbeit bilden, ist es aus klausurtaktischen Erwägungen ratsam, mit den prozessualen Fragen zu beginnen.

2. *Auszugehen ist stets vom Antrag des Klägers* (K), also von dem vordergründig allein gestellten Antrag auf Erlaß einer Kostenentscheidung nach § 91 a ZPO. Voraussetzung für eine Entscheidung nach *§ 91 a ZPO* ist allerdings die *übereinstimmende Erklärung der Parteien, daß die Hauptsache erledigt sei.* Hieran fehlt es. Denn der Anwalt des Beklagten widerspricht der Erledigungserklärung. Eine Entscheidung nach § 91 a ZPO kann demgemäß nicht ergehen.

a) Damit bleibt die Frage, welches zulässige Ziel die „Erledigungserklärung" des K verfolgt, konkret: ob diese „Erledigungserklärung" einen Antrag beinhaltet, den es alsdann zu prüfen gälte. — Die Erklärung ist folglich auszulegen. Die Auslegungskriterien sind den §§ 133, 157 BGB zu entnehmen. Zwar gelten die aus diesen Vorschriften entwickelten Auslegungsregeln nur für Willenserklärungen. Gleichzeitig enthalten diese Regeln aber Gedanken von solcher Allgemeingültigkeit, daß sie für die Auslegung von Prozeßhandlungen herangezogen werden können.

---

[4] dazu oben im 1. Abschn. S. 17.

Entscheidend sind also der erklärte Wille, der Standpunkt des Erklärungsempfängers und die diesem erkennbaren Umstände[5].

Hier ist K erkennbar an der Beendigung des Verfahrens gelegen. Nimmt nämlich der Prozeß seinen Lauf bis zur Sachentscheidung über den Anspruch des K, müßte K, dessen Forderung erloschen ist (§ 362 BGB), mit der Abweisung seiner Klage rechnen und demgemäß die Prozeßkosten tragen (§ 91 ZPO).

b) Für eine *Verfahrensbeendigung von Seiten des Klägers* kommen in Betracht *Klagerücknahme* (§ 269 ZPO), *Klageverzicht* (§ 306 ZPO) sowie die *einseitige Erledigungserklärung*. Falls keine dieser Gestaltungen zulässig sein sollte, ist schließlich noch an die Klageänderung zu denken (§§ 263 f ZPO), mit der Veränderungen in der Rechtslage Rechnung getragen werden kann.

Da K, vertreten durch einen Rechtsanwalt (vgl. § 78 ZPO), eine Kostenentscheidung nach § 91 a ZPO beantragt, liegt eine einseitige Erledigungserklärung am nächsten. Denn jedenfalls von einer Erledigungserklärung ist in § 91 a ZPO die Rede.

Neben dem Wortlaut des klägerischen Antrags spricht vor allem die Interessenlage für die Annahme einer einseitigen Erledigungserklärung: es geht dem Kläger darum, *nicht mit den Kosten des Rechtsstreits belastet zu werden*. Weder bei einer *Klagerücknahme (§ 269 III 2 ZPO)* noch bei einem *Klageverzicht (§§ 306, 91 ZPO)* wäre diese Folge aber zu vermeiden.

Die typische Situation der „einseitigen Erledigungserklärung", die, gesetzlich nicht geregelt, von Rechtsprechung und Lehre entwickelt und ausgebaut wurde, ist die, daß eine zunächst zulässige und begründete Klage nach Rechtshängigkeit unzulässig oder unbegründet wird – meistens unbegründet, weil der Beklagte die verlangte Leistung erbringt, die Hauptsache „sich erledigt". Folge davon wäre, wie gesagt, entweder die Abweisung der Klage bei Aufrechterhaltung des Klageantrags oder Erklärung des Verzichts (§ 306 ZPO) bzw. der Klagerücknahme (§ 269 ZPO). In all diesen Fällen trüge der Kläger die Kosten des Rechtsstreits. Dies muß jedoch, wenn der Kläger zunächst mit seinem Obsiegen rechnen konnte, als unbillig erscheinen. Der erst 1950 in die ZPO eingefügte *§ 91 a* ermöglicht eine *Kostenentscheidung entsprechend den vor der Erledigung bestehenden Erfolgsaussichten* aber nur *bei übereinstimmender Erklärung* der Parteien[6]. Widerspräche nun der Beklagte der Erledigungserklärung, wäre damit der Weg versperrt, um eine Kostenverteilung entsprechend der Erfolgsaussichten vor der Erledigung zu erreichen. So wäre für den Beklagten der Anreiz gering, die Erledigung mit dem

---

[5] Rosenberg/Schwab § 65 III; Thomas/Putzo Einl. III 2 j.

[6] Kurzer historischer Überblick bei A. Blomeyer, § 64.

Kläger übereinstimmend zu erklären. *Die Funktion der unter dem Stichwort der „einseitigen Erledigungserklärung" diskutierten Konstruktionen ist es demgemäß, bei der Erledigung der Hauptsache auch ohne Einverständnis des Beklagten eine gerechte Kostenentscheidung,* wie sie § 91 a ZPO beabsichtigt, *zu erreichen.*

Vor der Erörterung der Rechtsnatur der einseitigen Erledigungserklärung ist noch kurz auf die Frage einzugehen, ob der Beklagte für das Aufrechterhalten seines Klageabweisungsantrags eines besonderen Rechtsschutzinteresses bedarf. Sie ist zu verneinen. Wenn der Beklagte einmal mit einer Klage überzogen wird, hat er stets ein berechtigtes Interesse an einer rechtskräftigen Entscheidung darüber. Das ergibt sich auch aus der gesetzlichen Wertung des § 269 ZPO, wo dem Beklagten, der sich bereits zur Hauptsache eingelassen hat, das Recht eingeräumt wird, über eine Prozeßbeendigung durch Klagerücknahme mitzubestimmen.

c) Bei der Bestimmung der *Rechtsnatur der einseitigen Erledigungserklärung* ist es weniger von Bedeutung, sich einer bestimmten Meinung anzuschließen – die Ergebnisse der verschiedenen Auffassungen sind doch weitgehend identisch – als vielmehr die Funktion der einseitigen Erledigungserklärung zu erkennen und sie unter Beachtung der daraus herzuleitenden Rechtsfolgen sauber einzuordnen.

aa) Nach Auffassung von A. Blomeyer[7] und Leipold[8] handelt es sich bei der einseitigen Erledigungserklärung um eine *privilegierte Form der Klagerücknahme.* Voraussetzungen der Klagerücknahme nach § 269 ZPO sind zum einen die Erklärung der Rücknahme durch den Kläger und zum anderen, wenn bereits zur Hauptsache verhandelt wurde, die Einwilligung des Beklagten (§ 269 I ZPO). Diese liegt selbstverständlich bei der nur einseitigen Erledigungserklärung nicht vor. Deshalb besteht die *Privilegierung* der Klagerücknahme einerseits (bei den Voraussetzungen) darin, daß diese Einwilligung für entbehrlich gehalten wird, andererseits (bei den Rechtsfolgen der Klagerücknahme) darin, daß die nachteilige Kostenentscheidung des § 269 III 2 ZPO nicht eintreten soll. Die weitere Folge der Klagerücknahme, nämlich der Wegfall der Rechtshängigkeit, soll demgegenüber akzeptiert werden. – Hier setzt die Kritik[9] an: es liegt nicht im Interesse der Partei, den Rechtsstreit zu beenden, wenn das objektive Erledigungsereignis gar nicht feststeht, es also nicht klar ist, ob der Kläger den Prozeß wirklich verlieren würde.

bb) Weiterhin wird die einseitige Erledigungserklärung als *Klageverzicht* (§ 306 ZPO) angesehen[10]. Damit sind die Weichen zum Verzichtsurteil gestellt. Es *setzt voraus*: die Zulässigkeit der Klage, die Verzichtserklärung des Klägers und den

---

[7] ZPR, § 64 I.

[8] Stein/Jonas/Leipold, § 91a Rdn. 39.

[9] Rosenberg/Schwab, § 133 III 1.

[10] Nikisch, S. 260; Grunsky, Grundlagen, § 12 III 1.

Antrag des Beklagten[11]. Die *Folgen* des Verzichts: Abweisung der Klage, Kostenlast des Klägers (§ 91 ZPO) sowie vorläufige Vollstreckbarkeit (§ 708 Nr. 11 ZPO). – Bedenken gegen diese Einordnung ergeben sich zunächst daraus, daß der Kläger keineswegs einräumen will, den Anspruch zu Unrecht erhoben zu haben, und er sich wegen eines Erledigungsereignisses außerhalb des Prozesses nicht dem Klageabweisungsantrag des Beklagten unterwerfen will[12]. Vor allem aber will der Kläger ja die Kosten gerade nicht tragen[13].

cc) Nach der wohl verbreitetsten Ansicht ist die einseitige Erledigungserklärung als *Feststellungsantrag* zu verstehen. Begehrt werde die Feststellung, *daß die Hauptsache erledigt ist*. Das daraufhin zu erlassende Urteil spreche entweder antragsgemäß diese Rechtsfolge aus („Die Hauptsache ist erledigt.") oder weise den Antrag zurück, genauer: die Feststellungsklage ab. – Der prozessuale Weg zum Feststellungsantrag ist die Änderung der ursprünglichen Leistungsklage, hier der Schmerzensgeldklage, in eine Feststellungsklage[14]. Damit taucht ein neues Problem auf. Denn eine Klageänderung muß sich an den Zulässigkeitsvoraussetzungen der §§ 263, 264 ZPO messen lassen. Da naturgemäß eine Einwilligung des Beklagten nicht vorliegt, das erklärte Ziel aber die Zulässigkeit der Klageänderung ist, bieten sich als Zulässigkeitsgründe an: Sachdienlichkeit[15], § 264 Nr. 2[16] sowie § 264 Nr. 3[17]. Für alle diese Gründe gibt es gute Argumente. Das Ergebnis ist dasselbe, die Begründung kann deshalb offenbleiben. Will man sich entscheiden, ist es zumindest für die Klausur empfehlenswert, die Klageänderung für sogar gewohnheitsrechtlich zulässig zu halten[18]. Der Übergang von der Leistungs- zur Feststellungsklage ist danach so oder so zulässig.

dd) Dieser Klageänderungstheorie hält Schwab[19] entgegen, daß im Grunde der Anspruch nicht geändert werde, sondern gerade die Frage, ob dieser erledigt sei,

---

[11] Von der letzten Voraussetzung wird allerdings entgegen dem Wortlaut des § 306 ZPO mit der Begründung abgesehen, daß der Beklagte kein Rechtsschutzinteresse an einem streitigen Urteil habe; vgl. BGHZ 49, 213 (216).

[12] Rosenberg/Schwab, § 133 III 3.

[13] Dieser letzte Einwand läßt sich freilich ausräumen, wenn man zu einer analogen Anwendung des § 93 ZPO bereit ist. Danach wird der Beklagte bei einem sofortigen Anerkenntnis zwar nach dem Antrag des Klägers verurteilt, der Kläger aber trägt nach § 93 ZPO die Kosten des Rechtsstreits. Dieser Gedanke soll nach einer Ansicht (vgl. Grunsky, Grundlagen, § 13 III 1 mwN.) auf den umgekehrten Fall übertragen werden, daß die Klage anfänglich zulässig und begründet gewesen und nur durch eine Handlung des Beklagten unbegründet (bzw. unzulässig) geworden ist.

[14] Brox, JA 1983, 289, 292; Schlosser, ZPR I, Rdn. 144; Zöller/Vollkommer, § 91a Anm. 1; Mössner, NJW 1970, 175.

[15] OLG Saarbrücken NJW 1967, 2212, 2213.

[16] Zöller/Vollkommer, § 91a Anm. III 1.

[17] Schlosser, ZPR I, Rdn. 144.

[18] Mössner, NJW 1970, 175, 176.

[19] Rosenberg/Schwab, § 133 III 1; ihm folgend Zeiss, § 65 IV 2.

nun Gegenstand der Entscheidung werde. Deshalb sei die einseitige Erledigungserklärung eine *eigenständige Institution des Zivilprozeßrechts*: ähnlich der Klageänderungstheorie wird hier auf Antrag des Klägers[20], für den besondere Zulässigkeitsvoraussetzungen nicht bestehen, festgestellt, ob das erledigende Ereignis die anfangs zulässige und begründete Klage unzulässig oder unbegründet hat werden lassen.

d) Von den hier dargestellten vier Möglichkeiten, die einseitige Erledigungserklärung einzuordnen, dürfte wohl die Auslegung der Erledigungserklärung als Feststellungsantrag den erklärten Ansichten des Klägers am ehesten gerecht werden. Daß die Klageänderungstheorie die Anwendbarkeit einer gesetzlich geregelten Institution mit einigen dogmatischen Ungereimtheiten erkauft, mag gegen sie und für die Lehre von der einseitigen Erledigungserklärung als eigenständiger Institution sprechen; denn diese vermeidet zwangsläufig Widersprüche zu den Regelungen der ZPO, indem sie gar nicht erst versucht, den Schein — denn mehr ist es nicht — einer gesetzestreuen Lösung zu wahren.

e) Wenn man sich den beiden letztgenannten Vorschlägen anschließt, ist jetzt im *Ergebnis* festzuhalten, daß der Antrag auf Feststellung der Erledigung der Hauptsache zulässig ist.

3. Die Prüfung der *Begründetheit dieser Feststellungsklage* gliedert sich in drei Punkte: der ursprüngliche Antrag muß *zulässig* und *begründet* gewesen sein, *das erledigende Ereignis* muß tatsächlich vorliegen[21].

a) Aus der Aufgabenstellung läßt sich nichts entnehmen, was Bedenken gegen die *Zulässigkeit der ursprünglichen Klage* begründen könnte. Deshalb wäre es überflüssig und falsch, darüber mehr als einen Satz zu verlieren.

b) In der nächsten Station ist die *Begründetheit der ursprünglichen Klage* zu prüfen. Von hier an verliert die Arbeit also den Schrecken, den das zivilprozessuale Thema verursacht hat.

Der Anspruch auf Schmerzensgeld ist auf § 847 I BGB zu stützen. Voraussetzung der Norm ist eine unerlaubte Handlung im Sinne der §§ 823 ff BGB.

Da der Körper des K verletzt ist, ist zuerst § 823 I BGB zu prüfen. Daneben ist an einen Anspruch aus § 823 II BGB in Verbindung mit einem Schutzgesetz zu denken. Wenn aber bereits klar ist, daß ein von § 823 I BGB geschütztes Rechtsgut verletzt ist, kann bei Zeitnot in der Klausur auf die Prüfung des § 823 II BGB wohl am ehesten verzichtet werden. Der Tatbestand des § 823 I BGB ist erfüllt. Dabei kann es letztlich dahin stehen, ob der Körper oder die Gesundheit verletzt

[20] Nach ROSENBERG/SCHWAB, § 133 III 3, auch des Beklagten.

[21] Ganz h.M.; s. jüngst BGH NJW, 1982, 1598; einschränkend BROX, aaO.

ist. Richtig wäre beides anzunehmen, weil Gesundheit nicht nur die körperliche Unversehrtheit, sondern auch das seelische Gleichgewicht umfaßt[22], also der weitere Begriff ist.

Die Ursächlichkeit der Handlung des B für die Verletzung des K kann hier deshalb zweifelhaft sein, weil K nach dem Zusammenstoß mit B auch noch von C angefahren wurde. Es gibt demnach zwei Möglichkeiten: Entweder ist die Verletzung des K schon durch den Zusammenstoß mit B entstanden; dann kann an der Kausalität kein Zweifel bestehen. Oder die Verletzung ist erst durch den Zusammenprall mit C entstanden. Bei dieser Konstellation wirkt aber die Handlung des B fort, weil die Verletzung ohne das Anfahren des K durch B nicht eingetreten wäre. Kausalität nach der Äquivalenztheorie liegt deshalb vor. Auch den Erfordernissen der Adäquanztheorie ist genügt: bei der hilflosen Lage des K, die B auf jeden Fall hervorgerufen hat, liegt eine weitere unmittelbare Verletzung nicht außerhalb jeder Wahrscheinlichkeit[22a].

Die Prüfung der Rechtswidrigkeit bereitet regelmäßig wenig Schwierigkeiten, da nach der Lehre vom Erfolgsunrecht die Verletzung eines der Lebensgüter des § 823 I BGB die Rechtswidrigkeit indiziert. Und selbst wenn man die Lehre vom Erfolgsunrecht ablehnt, ergibt sich die Rechtswidrigkeit der Handlung des B daraus, daß er durch Führen eines Kraftfahrzeugs mit 1,8‰ gegen § 316 StGB, § 24a StVO verstößt und damit objektiv pflichtwidrig handelt[23].

Die Feststellung des Verschuldens ist unproblematisch. B hat fahrlässig gehandelt (vgl. § 276 I 2 BGB).

Die ursprüngliche Klage des K gegen B wäre also begründet gewesen.

Als weitere Tatbestände der unerlaubten Handlung kommen in Frage § 823 II BGB in Verbindung mit § 230 StGB, § 315c I 1a, III StGB, § 2 I StVO[24]. Wie bereits angesprochen, sollte auf die Prüfung dieser Tatbestände nicht zuviel Zeit verwendet werden. Zu beachten ist nur, daß bei Schutzgesetzen aus dem Bereich des Straf- und Ordnungswidrigkeitenrechts die strafrechtlichen Lehren maßgeblich sind, und vor allem, daß die fragliche Norm zumindest auch dem Individualschutz dienen muß.

c) Schließlich bleibt als letzter Prüfungsakt das *erledigende Ereignis. Es liegt vor, wenn die ehedem zulässige und begründete Klage durch ein Geschehen unzulässig oder unbegründet geworden ist.* V, die Kraftfahrzeughaftpflichtversicherung des B, hat das Schmerzensgeld gezahlt. Nach § 3 Nrn. 1, 2

---

[22] LARENZ, Schuldrecht II, § 72 I b.
[22a] Dazu ausführlich BGHZ 72, 355, 362.
[23] Zum Ganzen PALANDT/THOMAS, § 823 Anm. 7 A.
[24] Das Rechtsfahrgebot dient dem Schutz des Gegenverkehrs; vgl. OLG Nürnberg, VersR 1980, 338, 339.

PflVG haften B und sein Versicherer als Gesamtschuldner. Die Erfüllung durch V wirkt wegen § 422 I 1 BGB also auch für B. Die Forderung des K gegen B ist somit gemäß § 362 I BGB erloschen. Durch dieses erledigende Ereignis ist die Klage (nach Rechtshängigkeit) unbegründet geworden.

d) Da alle drei Voraussetzungen vorliegen, ist die Klage auf Feststellung der Erledigung der Hauptsache begründet.

4. Umstritten ist schließlich noch die Frage, ob sich die Kostenentscheidung nach einer einseitigen Erledigungserklärung aus § 91 ZPO[25] oder aus § 91a ZPO[26] ergibt. Für § 91a ZPO spricht die der übereinstimmenden Erledigungserklärung ähnliche Situation, für § 91 ZPO, daß hier ein Feststellungsurteil ergeht und kein Beschluß, wie in § 91a ZPO vorgesehen.

III. Der Grundfall: Die Klage des K gegen C

1. Nachdem der *Anwalt des C der Erledigungserklärung des K zugestimmt* hat, liegen die Voraussetzungen für einen *Beschluß nach § 91a ZPO* vor. Zu prüfen hat das Gericht nur mehr die gewöhnlichen Prozeßhandlungsvoraussetzungen, nicht jedoch, ob und wann das erledigende Ereignis eingetreten ist. Das ist eine Konsequenz der Dispositionsmaxime[27]. Die Frage, ob die Klage anfangs zulässig und begründet war, spielt eine Rolle allein für die Kostenentscheidung. Bei dieser Entscheidung nach billigem Ermessen hat sich das Gericht vorrangig an den allgemeinen Grundsätzen des prozessualen Kostenrechts zu orientieren. *Maßgebend* ist also der *hypothetische Prozeßausgang* ohne das erledigende Ereignis.

2. Zu prüfen sind damit die Erfolgsaussichten der Klage des K gegen C.

Zunächst ist hierbei an dieselben Anspruchsgrundlagen zu denken wie bei der Klage des K gegen B, vor allem an §§ 847 I, 823 I BGB. Wiederum entscheidend wird die Frage der Kausalität. Oben wurde bereits festgestellt, daß zwei Geschehensabläufe denkbar sind, sich jedoch keiner von ihnen mit Sicherheit nachweisen läßt. Einer der beiden möglichen Geschehensabläufe führt zur Verletzung des K, ohne daß sich darin ein Tatbeitrag des C verwirklicht. Deshalb muß die Kausalität verneint werden. Der Schmerzensgeldanspruch des § 847 I BGB kann somit nicht unter Zuhilfenahme des § 823 I BGB begründet werden.

Als Anspruchsgrundlage ist weiterhin *§ 830 I 2 BGB* zu prüfen. *Die drei Voraussetzungen* für das Eingreifen dieser Norm hat der BGH[28]

---

[25] So BGH NJW 1968, 2243.

[26] So ROSENBERG/SCHWAB, § 133 III 5.

[27] THOMAS/PUTZO, § 91a Anm. 6.

[28] BGHZ 72, 355, 358.

zusammengefaßt. Zunächst muß bei jedem der in Frage kommenden Beteiligten – hier B und C – ein *anspruchsbegründendes Verhalten* vorliegen, abgesehen eben von der Nachweisbarkeit der Kausalität. Da B den K angefahren hat und C ihn aufgrund seiner unvorsichtigen Fahrweise mitschleifte, ist dies erfüllt. Auch die zweite Voraussetzung, daß *einer der Beteiligten den Schaden verursacht* haben muß, ist zu bejahen.

Schwierigere Fragen ranken sich um das dritte Erfordernis: es darf *nicht feststellbar* sein, *welcher der Beteiligten den Schaden tatsächlich verursacht hat.* Dabei soll es sich nicht um eine reine Beweisregel handeln, sondern um ein sachliches Tatbestandsmerkmal[29]. Geht man davon aus, so ist *§ 830 I 2 BGB nicht* anwendbar, *wenn ein sicher haftender Schädiger feststeht.* Gerade das ist hier der Fall. Denn das Verhalten des B war ursächlich, B haftet nach § 823 I BGB. – Folgt man dieser Auffassung[30], so ist ein Anspruch des K gegen C abzulehnen. K hätte also den Prozeß verloren. Da die Kostenentscheidung des § 91a ZPO sich nach den anfangs bestehenden Erfolgsaussichten richtet, trägt K die Kosten des Rechtsstreits.

Mit guten Gründen könnte sich der Bearbeiter aber auch anders als der BGH entscheiden[31]. Gegen die Auffassung des BGH spricht zum einen, daß die Adäquanztheorie, die für die Zurechnung eines Erfolgs Wahrscheinlichkeit ausreichen läßt, den Verletzten schützen will. Zum anderen muß es in Frage gestellt werden, ob die Beweisnot tatsächlich eine eigenständige Haftungsvoraussetzung im Rahmen des § 830 I 2 BGB darstellt oder nicht doch allenfalls einen Grund für die Beweiserleichterung. Deutsch sieht den Grund für die gemeinsame Haftung der möglichen Alternativtäter vielmehr in deren gemeinschaftlicher Gefährlichkeit gegenüber dem Verletzten. Das ließe es wegen der daraus folgenden Beweisnot als gerechter erscheinen, die Beteiligten gemeinschaftlich haften, sie im Innenverhältnis Ausgleich suchen und damit den C das Risiko einer Insolvenz des B tragen zu lassen.

Legt man diese Auffassung zugrunde, kann man K einen Anspruch aus § 830 I 2 BGB zusprechen. Damit hätte C die Kosten des Rechtsstreits zu tragen.

IV. Die Fallabwandlung: Die Klage des K gegen B

1. Wie bereits eingangs festgestellt, ist *in der Abwandlung das erledigende Ereignis* nicht erst nach Rechtshängigkeit, sondern schon zwischen Einreichung der Klage und ihrer Zustellung, also *im Stadium der Anhängigkeit eingetreten.* Da ansonsten eine Änderung nicht vorliegt, kann der Bearbeiter im übrigen nach oben verweisen und sich allein der Frage zuwenden, was das Gericht zu tun hat, wenn bei einseitiger Erledigungserklärung

---

29 BGH aaO.

30 Zustimmend Medicus, Bürgerliches Recht, Rdn. 792.

31 Zum folgenden: Deutsch, NJW 1981, 2731.

das erledigende Ereignis vor Rechtshängigkeit liegt. Weit mehr als bei der Erörterung über die Rechtsnatur der einseitigen Erledigungserklärung handelt es sich hierbei um einen Streit von erheblicher praktischer Relevanz.

Vor der Abwägung der einzelnen Argumente sollte man sich die Folgen der beiden hier streitenden Auffassungen vergegenwärtigen. Wenn die *Erledigung der Hauptsache erst nach Rechtshängigkeit möglich* ist, bleibt nur die *Abweisung der Zahlungsklage* – es sei denn, der Kläger nimmt die Klage zurück. Und der Antrag, die Erledigung der Hauptsache festzustellen, wäre ebenfalls erfolglos. Der Kläger hätte damit die Kosten des Rechtsstreits zu tragen. Läßt man hingegen *schon zwischen Anhängigkeit und Rechtshängigkeit die Erledigung der Hauptsache* zu, hat das Gericht zu untersuchen, ob die Zahlungsklage bis dahin zulässig und begründet war und ob das erledigende Ereignis eingetreten ist; liegen diese Voraussetzungen vor, ergeht nur noch eine Entscheidung über die Kosten nach § 91 ZPO[32]. – Da beide Auffassungen in Rechtsprechung[33] und Lehre annähernd gleichgewichtig mit guten Argumenten vertreten werden, können Sie sich nach Ihrer Überzeugung einer der beiden Meinungen anschließen. Wichtig ist aber, die entscheidenden Argumente aufzufinden und einzusetzen.

2. a) *Für eine Erledigung der Hauptsache schon vor Klageerhebung* spricht zunächst der Grundsatz der Prozeßökonomie[34]. So wäre bei anderer Ansicht die Klage abzuweisen. Wenn jedoch der Beklagte bei Klageeinreichung in Schuldnerverzug war, kann der Kläger die Kosten dieses Rechtsstreits als Verzugsschaden (§§ 284 I 2, 286 I BGB) im Wege der Klageänderung oder in einem neuen Verfahren geltend machen. Dieses weitere Verfahren soll nun vermieden werden, indem man die Zulässigkeit und Begründetheit der Klage bei deren Einreichung ausreichen läßt. Tatsächlich wäre dann der Streit der Parteien meist in einem einzigen Verfahren vollständig zu bereinigen.

Für die Feststellung der Erledigung und die Kostentragung durch den Beklagten spricht darüber hinaus § 93 ZPO. Allerdings ist diese Vorschrift hier nicht direkt anwendbar. Sie paßt jedoch bei umgekehrter Anwendung: der Kläger soll die Kosten nicht tragen, wenn der Beklagte zur Klageerhebung Anlaß gegeben hat und der Kläger nach der Erfül-

32 So ZÖLLER/VOLLKOMMER, § 91a Rdn. 42; a.A. (Kostenscheidung nach § 91a ZPO) OLG München, NJW 1979, 274.

33 Der BGH (NJW 1982, 1598 f) hat sich allerdings dezidiert für die erste Ansicht entschieden.

34 So vor allem OLG München, NJW 1979, 274; BROX, JA 1983, 289, 293 f.

lung unverzüglich die Erledigung erklärt[35]. – Und wenn man dem zu folgen nicht bereit ist, sollte doch immerhin die Kostenentscheidung bei einem klageabweisenden Urteil (oder auch bei einer Klagerücknahme) in Analogie zu § 93 ZPO ergehen[36].

b) Seine ablehnende Haltung gegenüber der einseitigen Erledigungserklärung, die auf ein Geschehen vor Eintritt der Rechtshängigkeit gestützt wird, begründet der BGH vor allem damit, daß eine Erledigung des Rechtsstreits schon deshalb nicht möglich sei, weil vor Rechtshängigkeit ein Rechtsstreit gar nicht vorliegen könne. Dem ist entgegenzuhalten: Von „Rechtsstreit" spricht ausdrücklich nur § 91a ZPO, der aber hier – auch nach Ansicht des BGH[37] – jedenfalls nicht unmittelbar anwendbar ist; zudem wird in anderem Zusammenhang[38] der Beginn des Rechtsstreits mit dem Beginn der Anhängigkeit gleichgesetzt. Darüber hinaus ist Rechtshängigkeit nur für die Abgabe der Erledigungserklärung zu verlangen; dann erst ist zu entscheiden, ob das vor Rechtshängigkeit eingetretene Ereignis beachtlich ist[39].

Die Argumente des BGH gegen die Anwendung des *Gedankens aus §§ 270 III, 207 ZPO*, wonach die Fiktion der Rückwirkung der Rechtshängigkeit auch für die Erledigung der Hauptsache gelten soll – ein Aspekt, der unterstützend für die soeben unter a) dargestellte Ansicht angeführt wird –, greifen dagegen eher durch. Diese Ausnahmevorschriften sollen den Kläger nur vor einem irreparablen Rechtsverlust schützen, der hier aber nicht droht. Auch angesichts der *Gleichstellung von Rechtshängigkeit und Anhängigkeit in neueren Verfahrensordnungen* (§ 81 VwGO, § 64 FGO) läßt sich eine Rechtsanalogie nicht rechtfertigen. Denn eine Gesetzeslücke, eine planwidrige Unvollständigkeit der ZPO, läßt sich in Anbetracht der jüngsten umfänglichen Änderungen der ZPO, die später als die VwGO und FGO in Kraft getreten sind, nur schwerlich behaupten. Man wird eher davon auszugehen haben, daß der Gesetzgeber die zivilprozessuale Unterscheidung zwischen Anhängigkeit und Rechtshängigkeit aufrechterhalten wollte.

c) Zwei Möglichkeiten der Entscheidung bieten sich also an. Will man die Erledigung der Hauptsache feststellen, trägt der Beklagte die Kosten nach § 91 ZPO, da die Klage bei Anhängigkeit zulässig und begründet war und sich erst nach Anhängigkeit die Hauptsache erledigt hat. Hält

---

[35] Ausführlich J. BLOMEYER, NJW 1982, 2750.
[36] THOMAS/PUTZO, § 91a Anm. 7c cc.
[37] aaO.
[38] S. u. im 3. Abschn. Fn. 3, S. 42.
[39] ZÖLLER/VOLLKOMMER, aaO.

man den Feststellungsantrag für unbegründet, führt die analoge Anwendung des § 93 ZPO zu demselben Ergebnis.

V. Die Abwandlung: Die Klage des K gegen C

Bei strenger Beachtung der Dispositionsmaxime bereitet dieser Fall keine Schwierigkeit. Gemeinsam können die Parteien über den Streitgegenstand verfügen. Damit hat das Gericht überhaupt nicht zu prüfen, ob und wann das erledigende Ereignis eingetreten ist[40]. Die Entscheidung hier entspricht somit der soeben dargestellten.

[40] THOMAS/PUTZO, § 91a Anm. 3 mwN.; s. auch BGHZ 21, 298.

3. Abschnitt

Aufbauprobleme:
Hilfsgutachten,
Fallalternativen.

Prozessuale Probleme:
Prozeßvergleich,
Klagerücknahmeversprechen,
Voraussetzungen des Versäumnisurteils,
Rechtskraftwirkungen,
Streitgegenstandsbegriffe,
Beibringungs- und Untersuchungsgrundsatz,
Prüfung von Amts wegen.

Materiellrechtliches Problem:
Der Herausgabeanspruch des Vorbehaltsverkäufers
bei verjährter Kaufpreisforderung.

Ausgangsfall („Der geprellte Teppichhändler")

Im März 1981 verkaufte der Teppichhändler K dem B eine Seidenbrücke unter Eigentumsvorbehalt bis zur vollständigen Bezahlung des Kaufpreises. Auf den Kaufpreis von DM 3000,-- zahlte B trotz mehrfacher Mahnungen in der Folgezeit nur einen Teilbetrag von DM 600,--. Im Juni 1984 verklagte K den B deshalb auf Zahlung des restlichen Kaufpreises. Die Klage wurde wegen Verjährung rechtskräftig abgewiesen. Daraufhin verlangte K unter Berufung auf den Eigentumsvorbehalt die Seidenbrücke von B heraus und erhob beim Amtsgericht unter Schilderung der vorausgegangenen Ereignisse Klage gegen B auf Herausgabe der - genau bezeichneten - Seidenbrücke.

Noch vor dem ersten Termin kam es zwischen K und B zu einer Aussprache. Sie kamen überein, daß B die Brücke gegen Zahlung von DM 300,-- herausgeben und K die Klage zurücknehmen werde.

In der ersten mündlichen Verhandlung erscheint nur K. B hatte dem Gericht schriftlich mitgeteilt, daß er zum Termin nicht kommen werde, da sich das Verfahren durch einen außergerichtlichen Vergleich erledigt habe. Den Inhalt des Vergleichs hatte er dem Gericht ebenfalls bekanntgegeben. K beantragt nunmehr den Erlaß eines Versäumnisurteils gegen B mit dem in der Klageschrift bezeichneten Inhalt. Auf Befragen des Gerichts leugnet K den Abschluß eines außergerichtlichen Vergleichs.

Wird das Amtsgericht das beantragte Versäumnisurteil erlassen?

Bearbeitungsvermerk: Wird die Klage für unzulässig gehalten, sind die materiellrechtlichen Fragen in einem Hilfsgutachten zu erörtern.

Fallalternative: B erscheint ebenfalls in der mündlichen Verhandlung und beruft sich auf die Zusage des K, die Klage zurückzunehmen. K gibt zwar auf Befragen des Gerichts zu, eine solche Abrede mit B getroffen zu haben. Mit der Bemerkung, er habe es sich anders überlegt, stellt er jedoch dann den Antrag aus der Klageschrift.

Wie wird das Gericht entscheiden?

Lösung

I. Zum Aufbau

Der Aufbau der Lösung ist auf den ersten Blick leicht, weil die Frage am Ende der Fallschilderung allein auf die Voraussetzungen eines Versäumnisurteils gegen den Beklagten gerichtet zu sein scheint.

Dieser Schein trügt allerdings. Denn vorab ist zu klären, *ob das Gericht überhaupt noch tätig werden darf.* Unter diesem Aspekt ist die Absprache zwischen K und B (Herausgabe der Brücke, Klagerücknahme seitens des K) von Bedeutung, weil sie die *Rechtshängigkeit* und damit den Rechtsstreit *beendet haben kann.* Die Stichworte sind im Sachverhalt angegeben: falls K und B einen *Vergleich* geschlossen haben, führt dieser zur Prozeßbeendigung, wenn es sich um einen *Prozeß*vergleich handelt; ebenso könnte das *Klagerücknahmeversprechen*, das Teil der Abmachung ist, die Rechtshängigkeit beendet haben — dies allerdings nur, wenn das bloße Versprechen zur Prozeßbeendigung führt, die versprochene Klagerücknahme zu diesem Zweck also nicht mehr notwendig ist.

Die Lösung ist somit in zwei prozessuale Komplexe zu gliedern. *Zunächst* geht es um das *Tätigwerdendürfen*, *dann* um die *Form des Tätigwerdens*, konkret darum, ob das von K beantragte Versäumnisurteil erlassen werden darf. Für diesen zweiten Teil ergibt der Sachverhalt einige Fingerzeige. Denn der Bearbeitungsvermerk läßt erkennen, daß die Zulässigkeit der Klage vielleicht nicht ganz zweifelsfrei und folglich eine Klageabweisung durch Prozeßurteil — statt eines klagestattgebenden Versäumnisurteils — nicht völlig abwegig ist.

Im Hinblick auf das hier angesprochene *Hilfsgutachten* kann nicht oft genug betont werden, daß *grundsätzlich nicht* zum Mittel des Hilfsgutachtens gegriffen werden sollte. Der Begriff des Hilfsgutachtens zeigt es schon: das (Haupt-) Gutachten ist hilfsbedürftig, mit anderen Worten schwach, weil es zu seinem Zweck nicht hinreicht. Denn klausurtechnisches Ziel des Gutachtens ist es, einen Sachverhalt umfassend zu erörtern. Sind aber nach der gefundenen Lösung *Teile der Fallschilderung überflüssig*, werden sie also umgekehrt vom Bearbeiter für „seine"

Lösung nicht benötigt, so muß das in ihm Unbehagen erwecken. Um nun eine Lösung anzubieten, die den Sachverhalt ausschöpft, wird mittels eines Hilfsgutachtens komplettiert.

Vergleichbar ist die Sachlage, wenn man im *prozessualen Teil einer Arbeit „steckenbleibt"*. Auch hier bleibt ein ungutes Gefühl, weil doch traditionsgemäß das Prozeßrecht in zivilrechtlichen Klausuren nur eine untergeordnete Rolle spielt (und weil so wiederum meistens die Sachverhaltsangaben, welche die Grundlage der materiellrechtlichen Prüfung bilden sollten, außer Betracht bleiben). Das Hilfsgutachten darf bei solchen Konstellationen nur der allerletzte Ausweg sein. Vorrangig ist in jedem Falle die Frage zu stellen, ob nicht die *bislang vertretene Lösung falsch* ist. Eine andere Lösung, die den Sachverhalt ausschöpft bzw. auch zur Prüfung materiellrechtlicher Aspekte nötigt, hat unter diesem Aspekt den Anschein der Richtigkeit für sich, weil hier das Gutachten keiner Hilfe bedarf. Nach dieser Lösung ist deshalb zu suchen.

Die Warnung vor dem *Hilfsgutachten* gilt in gleicher Weise, wenn *in einem Bearbeitungsvermerk* auf dieses Mittel hingewiesen wird. Auch dann ist ein Hilfsgutachten nur selten am Platze. In den meisten Fällen soll der Hinweis den Bearbeiter vor Auslassungen schützen. Immerhin impliziert der Vermerk, daß in einem bestimmten, hier sogar umrissenen Bereich („Zulässigkeit der Klage") Aspekte zu behandeln sind, die nicht vorschnell als unproblematisch abgetan werden dürfen.

Einen zweiten Fingerzeig enthält die *Fallalternative*. Sie zeigt, daß es insgeamt eine Rolle spielt, ob B sich auf das Klagerücknahmeversprechen des K beruft, B also eine hierauf gestützte prozessuale Einrede erhebt[1].

Die technische Bedeutung von Fallabwandlungen in einer Hinsicht ist damit aufgezeigt. Alternativen, wie sie auch im 2. Abschnitt enthalten sind, ändern den Ausgangssachverhalt in einem Punkt ab. Dieser Umstand ist rechtlich problematisch und bedarf deshalb eingehender Würdigung. Freilich: ob das Rechtsproblem erst durch die Änderung in der Fallabwandlung auftaucht und darum hier diskutiert werden muß (so oben in Abschnitt 2) oder ob die Schwierigkeit in der Alternative *behoben wird* — im Ausgangsfall also vorhanden und dort zu erörtern ist (so hier) —, läßt sich erst nach einiger Überlegung sagen. An der Hilfestellung, die solche Abwandlungen geben, ändert das nichts.

Darüber hinaus gibt es einen anderen Typus von Fallabwandlungen, die diese Bezeichnung eigentlich gar nicht verdienen. Sie werden gekennzeichnet dadurch, daß sie den Ausgangsfall fortschreiben. **Beispiel**: Über das Vermögen des klagenden Teppichhändlers wird noch während des Rechtsstreits mit B das Konkursverfahren eröffnet. — Wird in einem entsprechenden Zusatz nach der Rechtsfolge (§ 240 ZPO) gefragt, so wird kein bereits latent vorhandenes Problem des Ausgangsfalles aktualisiert. Solche Fallerweiterungen geben also keinen Fingerzeig auf Gesichtspunkte, die von Anfang an im Auge zu behalten sind.

---

[1] Zu den Begriffen Einwendung und Einrede im materiellen Recht und im Prozeßrecht unten im 4. Abschnitt, S. 61.

II. Grundfall

Das Gericht wird, wie gesagt, von einem weiteren Tätigwerden absehen, wenn durch die Vereinbarung zwischen den Parteien die Rechtshängigkeit beseitigt worden ist.

1. Abschluß eines Prozeßvergleichs

Mit dem Abschluß eines Prozeßvergleichs endet die Rechtshängigkeit und damit der Rechtsstreit[2].

Diese Konsequenz ist im Gesetz nicht ausdrücklich geregelt. Sie kommt aber in den §§ 81, 83, 160 III Nr. 1 ZPO zum Ausdruck, und auch § 98 ZPO geht von einer Prozeßbeendigung aus. Die Prozeßbeendigungswirkung des Prozeßvergleichs beruht auf dem — zumindest konkludent — erklärten Willen der Parteien und findet ihre Grundlage in der Dispositionsmaxime.

Überhaupt enthält die ZPO keine allgemeinen Bestimmungen über den Prozeßvergleich, er wird vielmehr vorausgesetzt. Nur an einzelnen Stellen wird der Prozeßvergleich erwähnt. So nennt § 794 I Nr. 1 ZPO die Grundvoraussetzungen und fordert § 160 III Nr. 1 ZPO die Protokollierung.

Für die *Wirksamkeit eines Prozeßvergleichs* müssen folgende *Voraussetzungen* erfüllt sein:

a) Ein Prozeßvergleich kann nur *vor einem deutschen Gericht* abgeschlossen werden (§ 794 I Nr. 1 ZPO).

b) Der Prozeßvergleich muß *zur Beilegung des Rechtsstreits* geschlossen werden (§ 794 I Nr. 1 ZPO)[3].

c) Anders als der Wortlaut des § 794 I Nr. 1 ZPO es vermuten läßt, muß der Prozeßvergleich *zwischen den Prozeßparteien* abgeschlossen worden sein. Das schließt freilich nicht aus, daß daneben auch Dritte in den Vergleich miteinbezogen werden[4].

d) Der *Vergleichsgegenstand* muß der *Dispositionsbefugnis der Parteien* unterliegen.

Grundsätzlich können die Partein über jeden Gegenstand des Rechtsstreits einen Vergleich schließen. Die Vergleichsbefugnis geht aber nicht weiter als die

---

[2] BAG NJW 1983, 2212, 2213; THOMAS/PUTZO, § 794 Anm. 5; ROSENBERG/SCHWAB, § 132 II 2; ZEISS, § 66 II.

[3] Der Rechtsstreit soll hiernach mit der Anhängigkeit, nicht mit der Rechtshängigkeit (s. aber oben im 2. Abschn. Fn. 38, S. 37) beginnen und bis zum rechtskräftigen Abschluß fortdauern.

[4] Zur Beteiligung Dritter ZEISS, § 66 III 3.

Verfügungsbefugnis der Parteien. Dies ergibt sich aus der Regelung des § 1025 I ZPO[5]. Die Verfügungsbefugnis fehlt z. B. in Ehesachen (§§ 612 IV, 617 ZPO).

e) Bei Vergleichsabschluß müssen bestimmte *Formerfordernisse* beachtet werden.

Ein Verstoß gegen Formvorschriften macht den Vergleich unwirksam[6]. Dies folgt daraus, daß der Vergleich einen Vollstreckungstitel darstellt und das Verfahren beendet. Insoweit muß über den Inhalt des Vergleichs bei den Parteien Klarheit herrschen[7]. Diese Klarheit wird durch die Einhaltung der Formvorschriften gewährleistet.

Im einzelnen:

aa) Das Gericht muß den Vergleich in das Sitzungsprotokoll aufnehmen (§ 160 III Nr. 1 ZPO).

bb) Der Vergleich ist den Parteien vorzulesen oder zur Durchsicht vorzulegen und bedarf ihrer Genehmigung (§ 162 I 3 ZPO).

cc) Das Protokoll muß vom Richter und vom Urkundsbeamten unterschrieben werden (§ 163 I ZPO).

f) *Der Vergleich kommt nicht nur im Prozeßrecht vor.* Dem mit dem Prozeßrecht wenig Vertrauten ist wahrscheinlich geläufiger der *Vergleich des materiellen Rechts (§ 799 BGB)*, der von den Beteiligten zur Beseitigung einer Ungewißheit über ein Rechtsverhältnis oder sogar zur Beilegung eines Streits abgeschlossen wird. Wenn eine solche Vereinbarung während eines *Rechtsstreits* getroffen wird, kommt ihr eine *doppelte Bedeutung* zu: Zum einen sollen die materiellrechtlichen Unklarheiten aus der Welt geschafft werden. Damit erübrigt sich aber gleichzeitig die Fortführung des Rechtsstreits, der zur Beseitigung dieser Unklarheiten geführt wird; deswegen geht es zum anderen darum, diesen Prozeß zu beenden.

Materiellrechtlicher Vergleich und Prozeßvergleich sind so gesehen die Mittel zur Verfolgung eines gemeinsamen Zwecks. Deshalb liegt es nahe, beide miteinander zu verknüpfen. Wo der materiellrechtliche Vergleich unwirksam ist, er also nicht zur Klärung der Streitigkeit führt, soll auch der Rechtsstreit um die weiterhin klärungsbedürftigen Fragen weitergehen. Dem trägt die Theorie von der *Doppelnatur des Prozeßvergleichs* Rechnung[8]. Danach ist der *Prozeßvergleich zugleich materiellrechtliches Rechtsgeschäft (§ 779 BGB) und Prozeßvertrag.* Materiellrechtliche Mängel des Vergleichs lassen also die Prozeßbeendigungswirkung entfallen.

Umgekehrt wird man nicht sagen können, daß Mängel des prozessualen Teils (dazu sogleich unten g) der Wirksamkeit des materiellrechtlichen Teils

---

[5] RGZ 157, 141; ROSENBERG/SCHWAB, § 132 I 5.
[6] ZEISS, § 66 III 5.
[7] SCHUMANN, Rdn. 386.
[8] vgl. ZEISS, § 66 IV 1 m. Nachw. auf die Gegenansicht.

entgegenstehen[9]. Denn die Parteien wollen doch in erster Linie einverständlich ihre Streitigkeiten oder Ungewißheiten beseitigen. Dazu dient der Vergleich i. S. des § 779 BGB. Wird dann hiernach der Prozeß weitergeführt, steht das zu den Parteiabsichten nicht notwendig im Widerspruch. Das Urteil wäre jetzt nämlich auf *der* Grundlage zu erlassen, die der materiellrechtliche Vergleich geschaffen hat. Es entspräche ihm also, der mit dem Vergleichsabschluß angestrebte sachliche Erfolg wäre also auch so erreicht.

g) Aus dem soeben Gesagten ergeben sich weitere allgemeine Wirksamkeitsvoraussetzungen. Ist nämlich der Prozeßvergleich auch Prozeßvertrag, sind an ihn die Anforderungen zu stellen, denen jede Prozeßhandlung genügen muß. Zu diesen *Prozeßhandlungsvoraussetzungen* gehören die Partei — und Prozeßfähigkeit (§§ 50—52 ZPO) und die Postulationsfähigkeit (vgl. § 78 ZPO)[10].

h) *Hier* scheitert ein Prozeßvergleich schon an der ersten Voraussetzung. Der Vergleich wurde nicht vor einem Gericht in Anwesenheit beider Parteien abgeschlossen. Durch den Vergleich ist der Rechtsstreit also nicht beendet worden.

Bei einer schriftlichen Bearbeitung würde für die Abhandlung dieser Frage *ein* Satz ausreichen. Eine weitere Problematisierung wäre nicht nur überflüssig, sondern falsch. Die weiteren Voraussetzungen des Prozeßvergleichs sind an dieser Stelle nur der Vollständigkeit halber angeführt. Diese Vollständigkeit darf in Übungs-, auch in Examensarbeiten nicht angestrebt werden. Grundsätzlich sind darum die Voraussetzungen nur schrittweise zu nennen und ist der Sachverhalt sogleich unter jede einzelne zu subsumieren. Die Aufzählung aller (hier: sieben) Erfordernisse mit dem abschließenden kurzen Satz, schon dem ersten in der Aufzählung genannten Merkmal sei nicht genügt, wirkt unbeholfen und erweckt den Eindruck, der Bearbeiter wolle angelesenes Wissen — ohne jeden Fallbezug — präsentieren.

2. Die Rechtshängigkeit könnte aber durch das *Versprechen* beseitigt worden sein, *die Klage zurückzunehmen.*

Ein solches Klagerücknahmeversprechen enthält die schuldrechtliche Verpflichtung, die Klage zurückzunehmen; es ist zulässig, weil das geschuldete Verhalten — die Klagerücknahme — möglich und rechtlich erlaubt ist (§ 269 ZPO)[11]. Eine solche Vereinbarung ist formlos möglich.

---

9 BAG NJW 1960, 1364 f; BAUMGÄRTEL/MES, S. 58 f; *a. A.* ZEISS, aaO.

10 Ob ein Prozeßvergleich dem Anwaltszwang unterliegt, ist allerdings streitig. Man wird die Frage wegen des soeben beschriebenen Charakters des Prozeßvergleichs bejahen können (vgl. auch SCHUMANN, Rdn. 386 unter d). Ausführliche Nachw. zu diesem Problem finden Sie in BAG NJW 1983, 1433.

11 Allgemein zur Zulässigkeit von Prozeßverträgen, die auf ein prozessuales Verhalten gerichtet sind, BGHZ 28, 45, 49; zum Klagerücknahmeversprechen BGH NJW 1961, 460; 1964, 549, 550; ZEISS, § 35 II 2 b).

Es ist aber zweifelhaft, ob allein durch das Klagerücknahmeversprechen die Rechtshängigkeit der Klage beseitigt wurde. Die Bedenken resultieren daraus, daß hiermit eben nur eine Verpflichtung zur Klagerücknahme begründet wird, die Rücknahme aber noch aussteht (und von K verweigert wird).

Die Stellungnahmen zu der aufgeworfenen Frage sind kontrovers. SCHLOSSER[12] vertritt die Ansicht, schon das Klagerücknahmeversprechen beseitige die Rechtshängigkeit. Die Rechtsprechung[13] und weite Teile der Literatur[14] gehen von einer *Verpflichtung* des Klägers zur Klagerücknahme aus. Nimmt der Kläger die Klage abredewidrig nicht zurück, kann der Beklagte nach der letzten Auffassung eine Widerklage mit dem Antrag erheben, den Käger zur Klagerücknahme zu verurteilen[15] oder die „Einrede der Klagerücknahmeverpflichtung" erheben; auf diese Einrede hin wird die Klage als unzulässig abgewiesen.

Zur *Wiedergabe der Ansichten* bieten sich *allgemein zwei Möglichkeiten* an. Eine von ihnen ist der sogenannte *Referatsstil*: es werden die verschiedenen Autoren und Gerichte mit ihren unterschiedlichen Ansichten dergestalt „nacherzählt", daß der Name an die Spitze gestellt und ihm eine kurze Schilderung der dazugehörigen Auffassung beigefügt wird. Im günstigsten Fall findet man noch eine Kurzfassung der Argumente, vielleicht sogar eine Ordnung nach inhaltlichen Gemeinsamkeiten. Diese Darstellungsweise ist für Fallbearbeitungen *schlecht* und sollte auch in Hausarbeiten – in Klausuren findet man sie mangels entsprechenden Detailwissens ohnehin nur selten – vermieden werden. Sie ist regelmäßig die Darstellungsweise der juristisch weniger Gewandten – dies deshalb, *weil sie nicht mehr voraussetzt als Lesen, Verstehen, Wiedergeben.* Das aber sind Fähigkeiten, die von *jedem* Studenten erwartet werden können. Der gute *Jurist* geht einen anderen Weg. Er stellt die *Argumente in den Vordergrund*, weil allein sie, nicht aber der Name ihres Urhebers den Leser überzeugen können: daß z. B. der BGH eine bestimmte Ansicht vertritt, ist weit weniger von Bedeutung als die Begründung dieser Ansicht. *Also: im Text tauchen die Argumente auf, in den Fußnoten werden sie belegt.*

In diesen Zusammenhang gehört die Beanstandung eines *weiteren Fehlers.* Machen Sie sich stets klar, daß *nicht unter eine herrschende Meinung subsumiert wird*, sondern unter das Gesetz. Daß etwa ein Prozeßvergleich „zur Beilegung eines Rechtsstreits" schon ab Anhängigkeit geschlossen werden kann, mag man den Regelungen des Prozeßvergleichs insgesamt entnehmen sowie aus dessen Zweck herleiten. Die im Ergebnis gleichlautende herrschende Meinung ist zunächst allenfalls ein Indiz für das richtige Ergebnis und sollte abschließend nachgewiesen werden („so auch BGH ...", usw.). Keinesfalls darf es heißen: „Nach herrschender Meinung genügt es, daß ein Rechtsstreit anhängig ist. Das ist der Fall. Also ist der Prozeßvergleich zur Beilegung eines Rechtsstreits geschlossen."

---

[12] Einverständliches Handeln im Zivilprozeß, 1966, S. 71.

[13] BGH NJW 1961, 460; 1964, 549, 550; RGZ 102, 217, 218 f; 159, 186, 190.

[14] vgl. statt vieler ZÖLLER/STEPHAN, § 269 Rdn. 3; ROSENBERG/SCHWAB, § 131 I 2.

[15] ablehnend ZÖLLER/STEPHAN, aaO.

Und noch eins: ***woher nimmt man eigentlich die Gewißheit, daß eine Meinung die herrschende ist?*** Genügt es dafür, daß man einige Stellen nachliest und in mehr als 50% der Fälle eine, die danach herrschende Ansicht vertreten wird? Oder verläßt man sich besser auf die Qualifizierung anderer[16]?
Anders gefragt: wofür ist denn überhaupt von Bedeutung, ob eine Meinung vorherrscht? Die Antwort ergibt sich aus vorhin Gesagtem. Da ein schlechtes Argument nicht dadurch besser wird, daß es von vielen — den meisten — vorgebracht wird, verzichte man auf solche ***bedeutungslosen*** Einordnungen. Es reicht aus, den Urheber nachzuweisen.

Die weiteren Überlegungen im vorliegenden Fall könnten demnach etwa wie folgt aussehen:

Es ist zweifelhaft, ob allein durch das Klagerücknahme*versprechen* die Rechtshängigkeit beseitigt wurde. Bedenken hiergegen resultieren daraus, daß mit dem Versprechen eben nur eine Verpflichtung zur Klagerücknahme begründet wird, die Rücknahme selbst aber noch aussteht. Ferner läßt sich ein Verzicht auf die Klagerücknahme nicht mit der Regelung des § 269 II 1 ZPO vereinbaren. Danach ist zur Beendigung der Rechtshängigkeit durch Klagerücknahme nun einmal eine Erklärung des Klägers gegenüber dem Gericht erforderlich. Über das Ende eines Rechtsstreits soll bei allen Beteiligten Klarheit herrschen.

Folglich führt das Versprechen des K, die Klage zurückzunehmen, nicht zum Ende der Rechtshängigkeit. Das Gericht muß daher das beantragte Versäumnisurteil erlassen, wenn die Voraussetzungen dafür vorliegen.

Hinweis: Fallkonstellationen wie diese, in denen nach einem Versäumnisurteil gegen den Beklagten gefragt wird, sind in Übungen und im Examen relativ häufig. Denn in einer solchen „gemischten Klausur" lassen sich Prozeßrecht (Voraussetzungen des Versäumnisurteils) und materielles Recht (in der Schlüssigkeitsprüfung — s. u. 3. g. bb., S. 54) gut in einer Aufgabe verbinden.

3. *Die Voraussetzungen für den Erlaß eines Versäumnisurteils gegen den Beklagten* sind:

a) *Der Beklagte ist säumig.*

Säumnis liegt vor

aa) wenn der Beklagte im Termin nicht erscheint.
Dem steht die Postulationsunfähigkeit des Beklagten gleich. So kann im Anwaltsprozeß (§ 78 I ZPO) gegen den Beklagten, der ohne Anwalt auftritt, ein Versäumnisurteil ergehen[17].

---

[16] vgl. etwa Zeiss, § 66 IV 1 a, wo die Theorie von der Doppelnatur des Prozeßvergleichs als die wohl (!) herrschende Meinung bezeichnet wird.

[17] zu den verfassungsrechtlichen Anforderungen an den Begriff der Säumnis BVerfG NJW 1977, 1443.

bb) Wenn der Beklagte nicht verhandelt (§ 333 ZPO), er also jede Einlassung zur Sache verweigert.

cc) Im schriftlichen Vorverfahren, wenn der Beklagte seinen Verteidigungswillen nicht rechtzeitig anzeigt (§ 331 III ZPO).

b) *Der Kläger beantragt den Erlaß eines Versäumnisurteils.*

c) *Ein Versäumnisurteil ist nicht aus besonderen Gründen unzulässig.*

Ein Versäumnisurteil ist insbesondere [18] unzulässig in den vier Fällen des *§ 335 I ZPO*:

aa) Nach *Nr. 1*, „wenn die erschienene Partei die vom Gericht wegen eines von Amts wegen zu berücksichtigenden Umstandes erforderte Nachweisung nicht zu beschaffen vermag".

Verständlich formuliert bedeutet dies: das Gericht hegt Zweifel am Vorliegen einer Voraussetzung für den Erlaß des beantragten Versäumnisurteils; zur Ausräumung dieses Zweifels verlangt das Gericht den Nachweis, daß die Voraussetzung gegeben ist. Und: diese Voraussetzung ist *„von Amts wegen zu berücksichtigen"*. *Was bedeutet das?* Diese Terminologie knüpft an eine Unterscheidung an, die zum (zivil-)prozessualen Grundwissen gehört. Der oberste Grundsatz der ZPO[19] ist der *Verhandlungsgrundsatz, auch Beibringungsgrundsatz* genannt. Der letztgenannte Begriff macht den Inhalt dieses Prinzips deutlich. Es besagt vor allem, daß nur diejenigen Fakten dem Urteil zugrunde gelegt werden dürfen, die von den Parteien „beigebracht" worden sind. *Das Gegenstück des Beibringungsgrundsatzes ist der Untersuchungsgrundsatz oder die Inquisitionsmaxime*: In deren Geltungsbereich [20] findet eine Amtsermittlung von Tatsachen statt und ist die Wahrheit auch ohne entsprechende Beweisanträge der Parteien zu erforschen.

Zwischen Beibringungs- und Untersuchungsgrundsatz steht die Prüfung von Amts wegen. Sie gilt namentlich (vgl. § 56 ZPO) für die Prozeßvoraussetzungen[21], allgemeiner gesagt für die Zulässigkeitsvoraussetzungen der Klage.

Inhaltlich steht die Prüfung von Amts wegen dem Beibringungsgrundsatz näher als dem Untersuchungsgrundsatz. Denn *das Gericht hat auf solche Bedenken die Zulässigkeit der Sachentscheidung betreffend hinzuweisen* (§ 139 II ZPO), die sich aus dem Tatsachenvortrag der Parteien ergeben. Es obliegt dann den Parteien, die Zulässigkeitsvoraussetzungen mit Fakten zu belegen . Gelingt dies im Versäumnisverfahren nicht, *ist der Antrag auf Erlaß des Versäumnisurteils zurückzuweisen.* Das besagt § 335 I Nr. 1 ZPO[22].

---

[18] weitere Beispiele bei Thomas/Putzo, § 331 Anm. 1 d.

[19] RGZ 151, 93, 98.

[20] In der ZPO das Verfahren in Ehe- und Kindschaftssachen (vgl. §§ 616, 640 I ZPO – beachte aber § 616 II ZPO –). Der Untersuchungsgrundsatz gilt ferner im Verfahren der freiwilligen Gerichtsbarkeit (§ 12 FGG), im Verwaltungs- und Strafprozeßrecht.

[21] Baur, ZPR, Rdn. 132; Zeiss, § 27 V; dazu oben im 1. Abschn. S. 15.

[22] Im gewöhnlichen Verfahren hängt die Entscheidung davon ab, wer die Zulässigkeitsvoraussetzungen zu beweisen hat. Trägt der Kläger die Beweislast, trifft

bb) Nach *Nr. 2*, falls die nicht erschienene Partei nicht ordnungsgemäß geladen war.

Die Ladung muß formgerecht (vgl. §§ 166 ff, 497 ZPO) unter Mitteilung der Klageschrift sowie unter Einhaltung der Ladungsfrist (§ 217 ZPO) und der Einlassungsfrist (§ 274 ZPO) erfolgt sein.

cc) Nach *Nr. 3*, wenn, kurz gesagt, die nicht erschienene Partei nicht vollständig informiert worden war.

dd) Bei einem Versäumnisurteil *im schriftlichen Verfahren* muß dem Beklagten gemäß § 335 I Nr. 4 ZPO die Notfrist des § 276 I 1 ZPO mitgeteilt und muß er über die Rechtsfolge belehrt worden sein.

d) *Fehlt eine der unter a) und c) genannten Voraussetzungen, ist der Antrag auf Erlaß des Versäumnisurteils zurückzuweisen.* Falls die Partei erschienen war, nimmt der Prozeß seinen Fortgang; ist ein Versäumnisurteil aus besonderen Gründen unzulässig, kann die Verhandlung auch vertagt werden (§ 335 II ZPO).

e) Der Erlaß des bantragten Versäumnisurteils könnte *hier* gemäß § 335 I Nr. 1 ZPO unzulässig sein, wenn das Klagerücknahmeversprechen ein von Amts wegen zu berücksichtigender Umstand ist. Es kommt somit darauf an, wie das Klagerücknahmeversprechen auf das Verfahren wirkt.

Das Versprechen hat, wie gesagt, nur verpflichtende Wirkung. Es gibt umgekehrt dem Beklagten das Recht, diese Verpflichtung des Klägers geltend zu machen. Demgemäß muß die Klage abgewiesen werden, wenn der Beklagte die *„Einrede des Klagerücknahmeversprechens"* erhebt. Dabei ist es für das Ergebnis ohne Belang, ob man diese Einrede als *Einrede der Arglist* oder als *Einrede vertragswidrigen Verhaltens*[23] versteht. Wichtig ist nur, daß jedenfalls eine Einrede des B im Prozeß notwendig, das Klagerücknahmeversprechen also kein von Amts wegen zu berücksichtigender Umstand (§ 335 I Nr. 1 ZPO) ist.

Somit ist ein Versäumnisurteil nicht nach § 335 I Nr. 1 ZPO unzulässig.

Profilierungsversuche dergestalt, daß der Bearbeiter seine Bedenken gegen die eine oder andere Ansicht kundtut, um sich schließlich z. B. für die exceptio pacti zu entscheiden, wären hier fehl am Platze. Es gilt, den Fall zu lösen, also zu

---

ihn das Risiko der Nichtbeweisbarkeit: die Klage ist mangels des geforderten Nachweises abzuweisen. Im Versäumnisverfahren soll Gleiches bei unbehebbaren Mängeln gelten. Für eine Anwendung des § 335 I Nr.1 ZPO ist danach nur Raum, wenn die erschienene Partei die beanstandeten Mängel noch beheben kann und will (Einzelheiten bei THOMAS/PUTZO, Vorbemerkung III A vor § 253; § 335 Anm. 1 „Nr. 1").

[23] vgl. ZEISS, § 35 II 2 b cc; DERS., Die arglistige Prozeßpartei, 1967, S. 106 mit Nachw.

einem Ergebnis zu kommen. *Wenn das Ergebnis so oder so gleichbleibt*, reicht diese Feststellung aus.

Diese Empfehlung, die ja auch Zeit sparen hilft und deshalb vor allem in einer Klausur anderweitig erzielbare Punkte „retten" kann, bedarf einer Einschränkung. Führen nämlich mehrere Auffassungen zu demselben Ergebnis, läßt sich diese Identität im Ergebnis aber nur nach langen Ausführungen feststellen, so sollte man sich mehrseitige Ausführungen ersparen, sich sogleich für *eine* der Ansichten entscheiden und diese alsdann der Fallösung zugrundelegen. Denn der Zweck, der es rechtfertigt, bei verschiedenen Auffassungen mit gleichem Ergebnis die Entscheidung zwischen ihnen offenzulassen, ist doch derjenige, unnötigen Zeit- und Arbeitsaufwand zu vermeiden. Spart jene frühe Entscheidung aber Zeit und Arbeit, sollte sie bald getroffen und der „Ballast" anderer Ansichten abgeworfen werden.

f) *Schließlich* darf nicht vergessen werden, die *Erfolgsaussichten der Klage* zu prüfen. Denn das Versäumnisurteil ist die Reaktion des Gerichts darauf, daß eine Partei (im Fall: der Beklagte) im Verhandlungstermin nicht erscheint. *Der Beklagte wird verurteilt, weil er säumig ist.* Genauer: die ZPO geht davon aus, daß sich der ausbleibende Beklagte gegen die Klage nicht verteidigt, deshalb „ist das tatsächliche mündliche Vorbringen des Klägers als zugestanden anzunehmen" (§ 331 I 1 ZPO).

Das ist andererseits die einzige Erleichterung für den Kläger. Über die Unzulässigkeit oder Unschlüssigkeit seiner Klage hilft die Säumnis des Beklagten nicht hinweg.

Im Rahmen des § 331 I 1 ZPO ist die Klage „schlüssig" oder „unschlüssig". Das bedeutet, daß *die zur Begründung des Klageantrags vorgebrachten Tatsachen den Schluß auf die begehrte Rechtsfolge (nicht) zulassen.* Von der „Begründetheit" einer Klage spricht man demzufolge erst, wenn im streitigen Verfahren die Verteidigung des Beklagten in die Überlegungen einbezogen worden ist, sie aber gegenüber dem Vorbringen des Klägers erfolglos geblieben ist.

aa) Ein Versäumnisurteil gegen den Beklagten kann somit nur auf eine zulässige und schlüssige Klage hin erlassen werden. *Fehlt es an der Zulässigkeit oder Schlüssigkeit, wird die Klage abgewiesen* (§ 331 II ZPO)[24]. Dieses klageabweisende Urteil trägt dem Umstand Rechnung, daß auch sonst notwendigen Erfordernissen nicht genügt ist. Es ist also *ein ganz gewöhnliches Urteil*, für das sich der verwirrende Begriff „unechtes Versäumnisurteil" eingebürgert hat. Man sollte in der Terminologie Bescheid wissen, sich aber stets klarmachen, daß dieses Urteil kein *Versäumnis*urteil ist. Es ergeht ja gerade nicht als Reaktion auf die Säumnis im Termin, was Charakteristikum des „echten" Versäumnisurteils ist.

---

[24] Hinsichtlich der Zulässigkeit anderer Ansicht SCHÖNKE/KUCHINKE, § 53 III.

bb) Die *Voraussetzungen eines Versäumnisurteils gegen den Kläger* sind mit denjenigen eines Versäumnisurteils gegen den Beklagten weitgehend identisch.

Ausnahmen gelten nur

- hinsichtlich der Säumnisvorschrift des § 331 III ZPO; das folgt aus der Stellung dieser Bestimmung in § 331 („Versäumnisurteil gegen den Beklagten") ebenso selbstverständlich wie aus ihrem Inhalt;
- hinsichtlich des besonderen Unzulässigkeitsgrundes des § 335 I Nr. 4, der an § 331 III ZPO anschließt;
- *nicht* hinsichtlich der Zulässigkeitsprüfung (eine unzulässige Klage wird wie sonst auch bei Ausbleiben des Klägers als unzulässig durch Prozeßurteil abgewiesen);
- *aber* hinsichtlich der *Schlüssigkeitsprüfung:* sie *findet nicht statt*; ist den bisher genannten Erfordernissen genügt, wird die Klage somit ohne Rücksicht auf ihre Schlüssigkeit durch Versäumnisurteil abgewiesen.

cc) Wie man sieht, ist die Unterscheidung zwischen dem gewöhnlichen „streitigen" Urteil und dem Versäumnisurteil nicht immer einfach. Hat sie überhaupt Konsequenzen? — Sicherlich, dogmatische Kapriolen nur um des Wortes willen sind selten. Die Folgen der Differenzierung sind vielmehr tiefgreifend.

- Grundsätzlich trägt die säumige Partei die Kosten, die durch ihr Ausbleiben entstanden sind (§ 344 ZPO).
- Jedes Versäumnisurteil ist von Amts wegen ohne Sicherheitsleistung für vorläufig vollstreckbar zu erklären (§ 708 Nr. 2 ZPO), bei gewöhnlichen Urteilen gilt dies nur bei Verurteilungen zu relativ geringen Leistungen (bis zu 1500,- DM; § 708 Nr. 11 ZPO — vgl. auch die übrigen Nummern des § 708 und lies §§ 704. 751 II ZPO).
- Der Rechtsbehelf gegen ein Versäumnisurteil ist der Einspruch (§ 338 ZPO).

g) Nun also zur *Prüfung von Zulässigkeit und Schlüssigkeit der Klage.*

aa) *Zulässigkeit der Klage*
Trotz der Säumnis des Beklagten muß das Gericht diejenigen Prozeßvoraussetzungen prüfen, die von Amts wegen zu beachten sind. *Prozeßhindernde Einreden* — das Wort sagt es schon — werden hingegen nicht von Amts wegen berücksichtigt.

(1.) Wenn in der schriftlichen Mitteilung des B an das Gericht die Erhebung der Einrede des Klagerücknahmeversprechens („exceptio doli" bzw. „exceptio pacti") gesehen werden kann, führt dies zur Unzulässigkeit der Klage. Es kommt also darauf an, ob für die Erhebung einer Einrede schriftliches Vorbringen ausreicht. Wie sich aus der Regelung des § 331 I S. 1 ZPO ergibt, liegt einem Versäumnisurteil gegen den Beklagten *nur das mündliche Vorbringen des Klägers* zugrunde.

Mangels Einrede in der mündlichen Verhandlung steht daher das Klagerücknahmeversprechen der Zulässigkeit der Klage nicht entgegen.

(2.) K und B streiten nun aber auch nicht zum ersten Male. Vielmehr ist über die von K gegen B erhobene Kaufpreisklage schon entschieden: sie ist rechtskräftig abgewiesen worden, weil der Zahlungsanspruch des K verjährt war.

Solche Vorprozesse sind die Ausgangspunkte, um die Rechtskraftprobleme abzufragen oder — im mündlichen Teil des Staatsexamens — mit dem Kandidaten zu erörtern. Hier gilt es zunächst, die terminologischen und inhaltlichen Unterscheidungen zwischen formeller und materieller Rechtskraft parat zu haben. *Formelle Rechtskraft* bedeutet Unanfechtbarkeit der Entscheidung (vgl. § 705 ZPO). Die Maßgeblichkeit eines formell rechtskräftigen Urteils zwischen den Prozeßparteien nennt man *materielle* (= inhaltliche) *Rechtskraft*[25].

Hier geht es nicht darum, das erste Urteil anzufechten (formelle Rechtskraft). Die *Frage* ist nur, ob dieses Urteil für den zweiten Prozeß zwischen K und B maßgeblich ist, ob also sein Inhalt bei der Entscheidung des Rechtsstreits zu berücksichtigen ist (materielle Rechtskraft).

Die *Antwort* ist *in mehreren Stufen* vorzubereiten.

(2.1) *Zuerst* ist auf *§ 322 I ZPO* zu verweisen. Danach erwächst ein Urteil überhaupt nur in Rechtskraft[26], soweit über den Anspruch entschieden ist. Die materielle Rechtskraft umfaßt also offenbar nicht jede im Urteil getroffene Feststellung. Wie weit geht sie denn? Die Lösung scheint einfach: K hat seinen *Anspruch aus § 433 II BGB* eingeklagt, den Anspruch hat er nach dem Urteil nicht; Folgerung: insoweit ist das Urteil nach § 322 I ZPO rechtskräftig, insoweit ist also der Inhalt des Urteils maßgeblich. — Diese Lösung beruht auf der Vorstellung, der „Anspruch" des § 322 I ZPO sei der aus dem materiellen Recht bekannte Anspruch. Diese Prämisse ist unzutreffend, jene *Antwort* ist also *falsch*. Denn die ZPO hat eigene Begriffe. Zu ihnen gehört auch der des „Anspruchs". Gemeint ist damit der *prozessuale Anspruch. Das ist der Gegenstand des Verfahrens, der Streitgegenstand.*

Damit läßt sich zunächst festhalten, daß nach § 322 I ZPO die Entscheidung über den Streitgegenstand in Rechtskraft erwächst.

Was aber ist „Streitgegenstand"? Die Antwort ist umstritten[27]. Jedenfalls die beiden am häufigsten anzutreffenden Theorien sollten Ihnen geläufig sein.

---

[25] statt vieler ZEISS, §§ 69, 70.

[26] Die Formulierung des § 322 I („... sind der Rechtskraft fähig ...") ist einfacher, die hier gebrauchte ist ebenso geläufig und ermöglicht eine Abwechslung in der Formulierung — ein Grund, sie sich zu merken!

[27] Darstellung bei ZEISS, § 44 III.

Der eingliedrige Streitgegenstandsbegriff bestimmt den Streitgegenstand nach dem Klageantrag (vgl. § 253 II Nr. 2 a.E. ZPO), also den „Beklagten zu verurteilen, an den Kläger 2400,- DM zu zahlen".

Warum B dem K diesen Betrag schulden soll, ist in der Klagebegründung anzugeben. Etwa wie in der Sachverhaltsschilderung: „Am 26. 3. 1981 verkaufte der Kläger dem Beklagten eine Seidenbrücke zum Preise von 3000,- DM ... Der Beklagte hat bislang nur eine Teilzahlung von 600,- DM geleistet. Mit der Klage wird der noch ausstehende Kaufpreis geltend gemacht." — Dieser *Lebensvorgang*, der dem neutralen Antrag zugrundeliegt, ist nach dem *zweigliedrigen Streitgegenstandsbegriff neben dem Antrag das zweite Element des Streitgegenstandes.*

In diesem Zusammenhang ist die *Warnung vor falsch verstandener Wissenschaftlichkeit* zu wiederholen. Zu beantworten ist die Frage nach dem Herausgabeanspruch des K. Dafür ist es gleichgültig, welcher Theorie man sich anschließt. Führen beide Streitgegenstandsbegriffe zu demselben Ergebnis, reicht diese Feststellung.

SCHUMANN[28] empfiehlt, bei unterschiedlichen Ergebnissen die Streitgegenstandstheorie anzuwenden, die einen reibungslosen Fortgang der Arbeit gewährleistet. Dem kann nur zugestimmt werden. Zum einen sind derart taktische Überlegungen legitim; sie sollten sogar über den Ablauf einer Lösung entscheiden, wenn anderenfalls weite Passagen des Sachverhalts nicht ausgenutzt würden. Zum anderen bewegen sich die Überlegungen zum Streitgegenstand auf einem Niveau, das in einer derart speziellen Frage von Ihnen nicht erwartet wird. Und zu weitgehende Bemühungen würden Zeit kosten, die an anderer Stelle vielleicht dringend benötigt wird[29].

(2.2.) *Auf der zweiten Stufe sind die Wirkungen der materiellen Rechtskraft in einem Folgeprozeß anzusprechen.*

— Sind die *Streitgegenstände* des zweiten Prozesses und des Vorprozesses *identisch*, so ist die *zweite Klage unzulässig*. Es handelt sich um eine von Amts wegen zu prüfende Prozeßvoraussetzung.
— Wo die *Streitgegenstände nicht identisch* sind, kann die im Erstprozeß rechtskräftig getroffene Feststellung insbesondere im Rahmen der Schlüssigkeits- oder auch der Begründetheitsprüfung eine Rolle spielen. Wird im Zuge der materiellrechtlichen Prüfung ein Aspekt von Bedeutung, über den im Vorprozeß rechtskräftig entschieden ist, so ist diese Entscheidung zu übernehmen; eine erneute Überprüfung dieses Punktes muß unterbleiben. *Man spricht dann von Vorgreiflichkeit oder Präjudizialität.*

---

[28] Rdn. 95.

[29] Argumente für und gegen die Streitgegenstandstheorien bei ZEISS, § 44 III 1b, 2.

(2.3.) Hiernach mag man sich überlegen, wie diese Folgen der materiellen Rechtskraft zu erklären sind. Ausführungen dazu sind in der schriftlichen Arbeit freilich überflüssig; sie dürfen jedenfalls über eine kurze Wiedergabe der sogleich darzustellenden Ansichten nicht hinausgehen und müssen in *ein* Ergebnis münden.

- Die *materiellrechtliche Theorie* folgerte die Bindungswirkung der materiellen Rechtskraft aus der Annahme, das Urteil gestalte die materiellrechtlichen Beziehungen zwischen den Prozeßparteien. Die *durch das Urteil geschaffene neue Rechtslage* ist dann selbstverständlich vom Richter eines Folgeprozesses ebenso zu beachten wie Gesetzesrecht.
- Die *prozessuale Rechtskrafttheorie* begründet die Bindungswirkung rechtskräftiger Feststellungen schlicht mit der Aufgabe der materiellen Rechtskraft. Die Rechtskraft soll eben dazu dienen, divergierende Entscheidungen zu verhindern. Ob man dies durch ein Verbot *jeder* neuen Entscheidung über die rechtskräftig entschiedene Frage [29a] oder durch das Verbot einer *abweichenden* Entscheidung[30] begründet, ist für die Lösung von gewissem Belang: im ersten Fall ist jede Überlegung zu der rechtskräftig getroffenen Feststellung untersagt; im zweiten Fall ist eine Verhandlung und sind damit wohl auch Überlegungen erlaubt, aber deren Ergebnis steht fest, weswegen für die neuerliche Klage das Rechtsschutzinteresse fehlt!

Unterscheiden sich somit die beiden Spielarten der prozessualen Rechtskrafttheorie (nur) in der Überschrift, die dem Prüfungspunkt voranzustellen ist („Einwand der res iudicata" oder „Rechtsschutzinteresse"), so mag man sie kurz darstellen. Eine Würdigung ist entbehrlich[31]. Denn das Ergebnis ist dasselbe: eine Klage, deren Ergebnis als Folge materieller Rechtskraft von vorneherein feststeht, ist unzulässig.

Zum Fall:

Nach allem ist die Herausgabeklage des K unzulässig, wenn die Streitgegenstände der beiden von K gegen B angestrengten Prozesse identisch sind. Hieran fehlt es nach beiden Streitgegenstandstheorien, wenn verschiedene Anträge gestellt sind. Denn der Antrag jedenfalls ist Merkmal des Streitgegenstands. Da K im 1. Prozeß einen Zahlungsantrag gestellt hat und jetzt ein Herausgabebegehren verfolgt, sind die Rechtsschutzziele verschieden. Da die Streitgegenstände also nicht identisch sind, ist die Klage auch nicht aus diesem Grunde unzulässig.

[29a] BGHZ 36, 365, 367; Rosenberg/Schwab, § 152 IV 1.

[30] A. Blomeyer, § 88 III 2 b.

[31] Erlaubt ist aber der kritische Hinweis, daß die Verhandlung über eine im Ergebnis klare Frage ein „Zerrbild" (vgl. Jauernig, § 62 III 1) einer mündlichen Verhandlung im Zivilprozeß ist. Allgemeiner: wenn die Zeit reicht, ist es geschickt, die Vor- und Nachteile im Ansatz unterschiedlicher Theorien aufzuzeigen und schließlich doch die Entscheidung zwischen ihnen offenzulassen.

Vielfach finden sich noch Bemerkungen wie: „Andere Gründe für die Unzulässigkeit der Klage sind nicht ersichtlich" oder, wenn nach Ansicht des Bearbeiters die Zulässigkeit überhaupt nicht zweifelhaft ist: „Zweifel an der Zulässigkeit der Klage bestehen nicht". – Solche Sätze sind überflüssig. Hat nämlich der Bearbeiter Probleme der Zulässigkeit übersehen, so dienen Hinweise wie die angegebenen vielleicht der Selbstberuhigung. Verbleibende Lücken werden durch sie nicht gefüllt. Und hat der Bearbeiter Recht, so zeigt sich im Weglassen jener Bemerkung eine gewisse Souveränität.

bb) *Schlüssigkeit der Klage*

Hat K einen Spruch auf Herausgabe des Teppichs? Ein solcher Herausgabeanspruch ergibt sich nicht aus dem Vergleich zwischen K und B gemäß §§ *779, 241, 305 BGB*. Da K den Abschluß eines Vergleichs vor Gericht leugnet, kann die Vereinbarung nicht zur Grundlage der Entscheidung gemacht werden. Hier zeigt sich deutlich die Konsequenz der §§ 331 I 1, II ZPO: nur der mündliche Vortrag des Klägers bildet die Grundlage für ein Versäumnisurteil gegen den Beklagten.

Als Anspruchsgrundlage kommt ferner § 1 I S. 1 AbzG in Betracht. Dann müßte der Kaufvertrag über den Teppich ein Abzahlungsgeschäft sein. Daran fehlt es. Denn ein Abzahlungsgeschäft liegt nicht allein deshalb vor, weil B den Kaufpreis nur zum Teil gezahlt hat, er also eine schrittweise Abzahlung im Auge hatte. Vielmehr müssen die Parteien K und B zu diesem Zweck eine *Teilzahlungsabrede* getroffen haben. Hierfür gibt der Sachverhalt jedoch nichts her.

Auch der Eigentumsvorbehalt deutet nicht zwingend auf ein Abzahlunsgeschäft hin. Die aufschiebend bedingte Einigung i. S. des § 929 BGB geht zwar regelmäßig mit dem Abzahlungskauf Hand in Hand: wo der Käufer nicht sofort vollständig erfüllt, will der Verkäufer auch sein Eigentum nicht verlieren. Ebenso findet sich der Eigentumsvorbehalt jedoch dann, wenn der Kaufpreis zwar in einem Zuge vollständig bezahlt wird, die Leistung aber nicht sofort mit Abschluß des Kaufvertrages erfolgt. Die Formulierung, der Verkäufer „behalte sich das Eigentum bis zur vollständigen Bezahlung des Kaufpreises vor", taucht in nahezu jeder Warenrechnung auf[32].

Das Herausgabeverlangen ist aber gem. *§ 346 BGB* schlüssig, wenn K den Rücktritt vom Kaufvertrag erklärt hat und ihm ein Rücktrittsgrund zustand.

Die Rücktrittserklärung wird man darin sehen können, daß K schon vorprozessual die Seidenbrücke „unter Berufung auf den Eigentumsvorbehalt" herausverlangte. Denn aus dem Eigentumsvorbehalt kann sich

---

[32] Ob dieser Vorbehalt rechtzeitig erfolgt, ist eine andere Frage. Einzelheiten dazu beiPALANDT/BASSENGE, § 929 Anm. 6 B a aa.

ein Rücktrittsgrund ergeben (§ 455 BGB), auf den K seinen Anspruch offenbar stützen will. Dafür aber ist die Rücktrittserklärung das richtige Mittel.

Fraglich ist allerdings, ob sich B mit der Kaufpreiszahlung in Verzug befindet. Mit Erhebung der Kaufpreisklage mag B in Verzug geraten sein (§ 284 I 2 BGB). Der Verzug ist aber jedenfalls dadurch beendet worden, daß sich B mit Erfolg auf Verjährung berufen hat[33]. Daß er die Einrede erhoben hat, folgt aus dem Ergebnis des Vorprozesses: nur auf die Einrede des B (§ 222 I BGB) konnte die Verjährung berücksichtigt werden. Und daß die Einrede begründet war, ergibt sich aus den §§ 196 I Nr. 1, 198, 201 S. 1 BGB i. V. m. § 1 I, II Nr. 1 HGB: hiernach war K Kaufmann.

Zwischenfrage: Durfte die Verjährung überhaupt noch geprüft werden oder war diese Prüfung verschlossen, weil die Klageabweisung *wegen Verjährung* präjudiziell war? – Die Antwort folgt aus § 322 I ZPO. Nur die Entscheidung über den Streitgegenstand (= „Kann K von B aus dem vorgebrachten Sachverhalt noch 2400,- DM verlangen?") erwächst in Rechtskraft. Das ist die Feststellung: „Aus dem Sachverhalt kann K von B *nicht* Zahlung von 2400,- DM verlangen." *Warum* das so ist, also die Begründung dieses Satzes, ist rechtskraftfrei. Dazu gehört die Feststellung der Verjährung.

Das Gericht des Folgeprozesses kann die Verjährungseinrede des B auch beachten. Insoweit spielt die Säumnis ebensowenig eine Rolle wie der Umstand, daß die Verjährungseinrede nicht in diesem Rechtsstreit erhoben worden ist. Denn die Verjährung kann auch außerprozessual geltend gemacht werden. Alsdann hat das Gericht der Einrede Rechnung zu tragen, wenn sie ihm nur bekannt ist. Diese Kenntnis hat das Gericht, weil es von K über die vorausgegangenen Ereignisse informiert worden war.

Somit hat K einen Herausgabeanspruch aus § 346 BGB nicht schlüssig dargetan.

Auch *§ 326 BGB* scheidet als Rücktrittsgrund aus. B ist nicht (mehr) im Schuldnerverzug.

Schon eingangs ist die materiellrechtliche Problematik mit einem Stichwort vorgestellt worden, das zugleich als Überschrift über den nun folgenden Ausführungen zum Herausgabeanspruch *§ 985 BGB* stehen könnte: der *Herausgabeanspruch des Eigentumsvorbehalts-Verkäufers bei verjährter Kaufpreisforderung*. Lesen Sie dazu wenigstens: BGH NJW 1978, 417 und die Entscheidungsrezension von DILCHER, JuS 1979, 331.

Die spezifische Problematik (die schon mehrfach Gegenstand von Examensklausuren war!) im Rahmen des § 985 BGB ergibt sich aus zwei

---

[33] vgl. statt vieler BGHZ 34, 191, 197; 48, 249, 250.

Überlegungen. Zum einen hat K sein Eigentum nicht nach § 929 S. 1 BGB an den Besitzer B verloren, denn die dingliche Einigung ist aufschiebend bedingt, die Bedingung – vollständige Kaufpreiszahlung – ist nicht eingetreten (§ 455 BGB). Die Voraussetzungen des § 985 BGB scheinen damit vorzuliegen. Aber – und damit zum zweiten, ganz wichtigen Gedanken – das Ergebnis ist zweifelhaft. Der Eigentumsvorbehalt soll nämlich den Anspruch auf Zahlung des Kaupreises sichern. Nach begründeter Verjährungseinrede aber ist der Kaufpreisanspruch gemäß § 222 I BGB nicht mehr durchsetzbar. Daher könnte man zu dem Ergebnis kommen, daß der Eigentumsvorbehalt nach Verjährung der zu sichernden Forderung wegfällt.

Dagegen muß berücksichtigt werden, daß der Anspruch als solcher auch nach Eintritt der Verjährung bestehen bleibt, nur kann die Erfüllung nicht mehr erzwungen werden. Gemäß § 223 II BGB wird die Sicherungsübertragung von Rechten durch die Verjährung nicht in ihrer Wirksamkeit beeinträchtigt. Unter § 223 BGB fallen vor allem die Sicherungsabtretung und die Sicherungsübereignung. Die Verjährung einer Forderung, für die eine dingliche Sicherung bestellt wurde, läßt den Fortbestand der dinglichen Sicherung unberührt. Dies muß auch entsprechend für den Eigentumsvorbehalt gelten, weil er ähnlich dem Pfandrecht und der Sicherungsübereignung als Sicherungsmittel dient[34].

Das Problem für eine klausurmäßige Bearbeitung liegt hier wohl weniger darin, die analoge Anwendung des § 223 II BGB zu begründen, als vielmehr im Auffinden dieser Vorschrift. Sie ist den meisten derjenigen, die zum erstenmal mit § 223 BGB konfrontiert werden sollten, anscheinend unbekannt. So stießen von den rund 350 Studenten, die sich dieser Klausur im Examensklausurenkurs an der Universität München (SS 1983) gestellt haben, nur etwa 20% auf diese Bestimmung. Die Arbeiten wurden durchweg überdurchschnittlich bewertet. Ein Grund mehr, sich § 223 BGB zu merken!

Die Verjährung der Kaufpreisforderung ändert daher nichts an der dinglichen Rechtslage. Danach ist K weiterhin Eigentümer.

Ein Herausgabeanspruch nach § 985 BGB ist aber dann nicht durchsetzbar, wenn dem Besitzer ein Recht zum Besitz im Sinne von § 986 BGB zusteht.

Bevor man an die Beantwortung dieser Frage geht, muß man sich zuerst über die prozessuale Situation klar werden. Kann eigentlich das Gericht trotz der Regelung des § 331 II ZPO der Frage nachgehen, ob dem B ein Recht zum Besitz nach § 986 BGB zusteht? Handelt es sich bei § 986 BGB um eine *Einrede*, so kann ein Besitzrecht des B nur berücksichtigt werden, wenn es einredeweise *geltend gemacht* wird. Liegt dagegen eine *Einwendung* vor, ist ein Besitzrecht des Beklagten

---

[34] MK/Medicus, § 986 Rdn. 14.

auch ohne dessen Initiative *von Amts wegen* zu beachten. Die Einordnung des § 986 BGB ist also vor allem beim Versäumnisurteil gegen den Beklagten von Bedeutung[35].

Durch § 986 BGB wird die Anwendung des § 985 BGB auf die Fälle des unrechtmäßigen Besitzes beschränkt. Demnach müssen Tatsachen, aus denen sich ein Recht zum Besitz ergibt, als Einwendungen behandelt werden. Dagegen spricht auch nicht, daß § 986 BGB vom Wortlaut her („kann verweigern") als Einrede formuliert ist. § 1004 II BGB kommt nämlich die gleiche Funktion zu wie § 986 BGB; § 1004 III BGB ist aber als Einwendung konzipiert („Der Anspruch ist ausgeschlossen").

Eine andere Einordnung wäre im Versäumnisverfahren auch nicht interessengerecht. Denn sonst müßte der säumige Beklagte zur Herausgabe verurteilt werden, auch wenn sich aus dem Klägervortrag das Bestehen eines Besitzrechts ergibt[36].

Qualifiziert man § 986 BGB als Einwendung, kommt es darauf an, ob dem B ein solches Besitzrecht zusteht.

Es könnte in der dinglichen Anwartschaft des B gesehen werden. Doch wird man dem Anwartschaftsrecht des Vorbehaltskäufers nur Wirkung gegenüber Dritten zugestehen können. Im Verhältnis zum Eigentümer wirkt es nicht[37].

Gegenüber dem Eigentümer ergibt sich beim Kauf unter Eigentumsvorbehalt das Besitzrecht des Vorbehaltskäufers aus dem Kaufvertrag. Dieses Besitzrecht kann K nicht mehr durch Rücktritt gemäß § 455 oder § 326 BGB beseitigen, da durch den Eintritt der Verjährung der Verzug des B beseitigt wurde.

Das bisher erzielte Ergebnis ist merkwürdig: das Eigentum und der Besitz an der Brücke fallen auf Dauer auseinander. Eine *entsprechende Anwendung des § 223 I BGB* hilft dieses Ergebnis vermeiden: Die Vereinbarung eines Eigentumsvorbehalts soll nach seinem Sinn und Zweck, ebenso wie Pfandrecht und Sicherungsübereignung, den Käufer zur Zahlung veranlassen und den Verkäufer bei Ausbleiben der Zahlung sichern. Das vorbehaltene Eigentum des Verkäufers dient ebenso wie die in § 223 I BGB genannten Rechte der Kreditsicherung. Der dort als Rechtsfolge bestimmten Fortdauer des Befriedigungsrechts entspricht die Ausübung des vorbehaltenen Eigentums durch Vindikation, d. h.: *das (vorbehaltene) Eigentum des Verkäufers überwindet das Besitzrecht des Besitzers.*

Es sei wiederholt: Sie sollten im eigenen Interesse die Entscheidung BGH NJW 1978, 417 und die Rezension von DILCHER, JuS 1979, 331 nachlesen!

---

35 siehe unten im 4. Abschn. S. 61.

36 vgl. zum Ganzen etwa MK/MEDICUS, § 986 Rdn. 24 f; BAUR, Sachenrecht, § 11 B I 1.

Abwandlung: Erscheint B im Termin zur mündlichen Verhandlung und verhandelt er auch zur Sache (§ 333 ZPO), so kann kein Versäumnisurteil ergehen. Auf die Einrede des B hin wird das Gericht die Klage des K vielmehr durch Prozeßurteil als unzulässig abweisen. Zu einer Prüfung der materiellen Rechtslage durch das Gericht kommt es in diesem Fall nicht.

4. Abschnitt

Prozessuale Probleme:
Vorprozessuale Aufrechnung und Prozeßaufrechnung,
Rechtsnatur der Prozeßaufrechnung,
Primär und Eventualaufrechnung,
Rechtshängigkeit durch Aufrechnung,
Einwendungen und Einreden.

Materiellrechtliches Problem:
Materiellrechtliche Wirksamkeit der Aufrechnung trotz deren prozessualer Unbeachtlichkeit?

Ausgangsfall („Unsorgfältiger Handwerker")

Der Installateur A hat im Neubau des B die Wasserleitungen verlegt. Von der Rechnungssumme stehen noch 5500,– DM offen. Als A den B vor dem Landgericht auf Zahlung dieses Betrages verklagt, bestreitet B die Berechtigung dieser Forderung. Hilfsweise rechnet er mit einer Schadensersatzforderung in Höhe von 6000,– DM gegen A auf. Sie resultiert nach dem Vorbringen des B daraus, daß A beim Einbau der Leitungen das Haus des B beschädigt habe.

A tritt Beweis für die klagebegründenden Tatsachen an und weist zutreffend darauf hin, daß B den Schadensersatzanspruch schon in einem anderen Verfahren eingeklagt hat; dieser Prozeß ist noch nicht beendet, darum sei die Aufrechnung unzulässig.

Wie wird das Gricht verfahren?

Abwandlung: Angenommen, B wartet mit seiner Aufrechnung: er rechnet erst auf, nachdem die Klageforderung feststeht. Jetzt aber weist das Landgericht die Aufrechnungseinrede als verspätet zurück (§ 296 I ZPO). – B meint sich damit abfinden zu können, weil er nunmehr mit seiner *Klage* Erfolg haben werde. A hingegen ist der Ansicht, die Forderung des B sei wegen § 389 BGB erloschen, weil aus materiellrechtlicher Sicht die Aufrechnung in Ordnung sei.

Wie wird der Erstprozeß entschieden?

Lösung

I. Zu Sachverhalt und Fragestellung

An die Lösung dieses Falles macht man sich nur widerwillig. Zum einen erscheint der Sachverhalt auf den ersten Blick unvollständig: weder wird etwas dazu gesagt, ob der Vergütungsanspruch des A auch in Höhe der noch offenen 5500,— DM besteht (die Rechnung könnte auch übersetzt sein, weil A einen höheren Betrag als den vereinbarten oder üblichen — § 632 II BGB — in Rechnung gestellt hat), noch finden sich Ausführungen zur Begründetheit der Schadensersatzforderungen des B. Letzteres freilich darf im Ergebnis nicht stören, scheinbar vorhandene Lücken insoweit müssen sofort mit Mitteln der ZPO geschlossen werden. Denn der Kläger A bestreitet gar nicht, daß er dem B anläßlich der Installationsarbeiten einen Schaden zugefügt hat. Folglich ist dieses Vorbringen des B „unstreitig" und der Würdigung zugrundezulegen (§ 138 III ZPO)[1].

Zum anderen ist die Fragestellung ungewohnt. Darauf eingestellt, nach dem Erfolg eines Begehrens gefragt zu werden, soll nun das gerichtliche Verfahren als solches prognostiziert werden.

Zwischendurch: Mir sind — zugegebenermaßen selten — Klausuren in die Hand gekommen, die solche Fragestellungen zum Anlaß nahmen, an der Formulierung herumzumäkeln. So sei es gar nicht voraussehbar, wie das Gericht verfahren werde, weil man nicht wisse, ob sich der/die Richter in der ZPO überhaupt auskennen; richtig müsse deshalb nach der *gesetzmäßigen* Verfahrensweise gefragt werden. —

Derartige Kritiken sind naiv und taktisch unklug. Was der Aufgabensteller gemeint hat, ist offensichtlich; ihn durch Beckmesserei zu verärgern, ist einer wohlwollenden Beurteilung nicht gerade förderlich.

II. Rechtliche Überlegungen

Die richtigen Schritte zur Lösung müssen darin bestehen, die vorgegebene Prozeßsituation zu erfassen und die möglichen Alternativen durchzudenken. Dabei dürfen Sie nicht aus dem Auge verlieren, daß der Prozeß nicht Selbstzweck ist: es geht letztlich darum, über die Klage des A zu befinden. Diese Entscheidung hängt im Vorfeld von der Stellungnahme zu zwei Problemkreisen ab, nämlich

- ob dem A der Beweis für das Bestehen seiner Forderung gelingt und
- ob die Aufrechnung des B durchgreift.

Ein Teufelskreis! Denn zu dem ersten der beiden Punkte können sie gerade nicht Stellung nehmen, weil die klagebegründenden Tatsachen weder unstreitig noch bewiesen sind. Damit steuern Sie offenbar auf alternative Lösungen zu. Allerdings bietet sich ein Ausweg aus diesem Dilemma. Falls die Aufrechnung durchgreift, könnte man die Klage so oder so abweisen: selbst wenn die Werklohnforderung bestanden hätte, wäre sie „jedenfalls durch die Aufrechnung erloschen"

[1] zum Verhandlungsgrundsatz oben im 3. Abschn. S. 47.

(§ 389 BGB)! Damit sind wir freilich schon inmitten der Problematik. Gehen wir aber Schritt für Schritt vor:

Sehen Sie sich als Bearbeiter eines Prozeßrechtsfalles mit einer Aufrechnung konfrontiert, so ist es unerläßlich, daß Sie sich über die Bedeutung einer solchen Aufrechnung Klarheit verschaffen. Dabei ist zu unterscheiden:

1. *Der Beklagte macht im Prozeß eine bereits außerhalb des Prozesses erklärte Aufrechnung geltend.*

Dann liegt die rechtsvernichtende Einwendung vor, der Klageanspruch sei durch die Aufrechnung erloschen (§ 389 BGB).

Ist Ihnen die *Differenzierung zwischen Einwendungen und Einreden* geläufig? Sie ist nicht ganz einfach. *Einwendungen sind materiellrechtliche Gegenrechte.* Sie werden nach ihrer Wirkung unterschieden. Es gibt *rechtshindernde* (das Recht entsteht nicht; Beispiel § 138 BGB), *rechtsvernichtende* (das entstandene Recht wird nachträglich vernichtet; Beispiel § 142 I BGB) und *rechtshemmende Einwendungen* (das entstandene Recht wird in seiner Durchsetzung gehemmt). Nun liegt nahe, daß eine solche *Hemmung* unterschiedlich sein kann. Sie kann *dauernd* sein; dann spricht man auch von einer peremtorischen Einwendung (Beispiel: Verjährung, § 222 BGB). Sie kann aber auch nur *zeitweilig* sein; dann spricht man auch von einer dilatorischen Einwendung (Beispiel: Stundung, vgl. § 271 BGB).

Ließ sich alles das noch recht gut merken, so kommt es jetzt wahrscheinlich zu Irritationen. Denn in der materiellrechtlichen Begriffsweise werden die *rechtshemmenden Einwendungen* auch als *„Einreden"* bezeichnet. Sie müssen also „eingeredet" werden: sie werden nur berücksichtigt, wenn der Berechtigte sich auf sie beruft (vgl. § 222 I BGB). *Die „Einrede" gibt es auch im Prozeßrecht.* In der prozessualen Terminologie liegt eine Einrede vor, *wenn der Beklagte sich mit dem Vorbringen von solchen Tatsachen verteidigt,* welche die vom Gegner erstrebte Rechtsfolge ausschließen[2].

In unserem Fall ist die rechtsvernichtende Einwendung der Aufrechnung (i. S. des materiellen Rechts) also eine Einrede i. S. der ZPO. — Eine gute Darstellung hierzu finden Sie bei MEDICUS, Bürgerliches Recht, Rdn. 731—735.

2. *Der Beklagte erklärt die Aufrechnung erstmals im Prozeß.* Das ist die „eigentliche" Prozeßaufrechnung[3]. Nach dem, was soeben zu den Begriffen Einwendung und Einrede gesagt worden ist, liegen jetzt eine *materiellrechtliche Einwendung und zugleich eine prozessuale Einrede* vor. Demgemäß soll es sich hier um einen *Doppeltatbestand* handeln[4]. Denn mit der Aufrechnungserklärung im Prozeß nimmt der Beklagte eine Prozeßhand-

---

[2] ZEISS, § 52 II 3.

[3] vgl. meinen Aufsatz in JA 1980, 334.

[4] vgl. BGHZ 23, 17, 23; BGH NJW 1984, 357, 358; ZEISS, § 53 II 1; SCHLOSSER, ZPR I, Rdn. 324.

lung vor und macht gleichzeitig von einer materiellrechtlichen Gestaltungsbefugnis (§§ 389, 388 BGB) Gebrauch.

Gestützt wird diese Ansicht vom Doppeltatbestand der Prozeßaufrechnung auch durch den Wortlaut der gesetzlichen Bestimmungen, in denen die Prozeßaufrechnung angeführt ist. So ist in den §§ 209 Abs. 2 Nr. 3, 215 BGB von der „Geltendmachung der Aufrechnung im Prozeß" die Rede. Auch die ZPO spricht in den Bestimmungen der §§ 145 Abs. 3, 302, 322 davon, daß „der Beklagte die Aufrechnung mit einer Gegenforderung geltend macht". Jeweils wird also unterschieden zwischen der Aufrechnung als materiellrechtlicher Einwendung und dem prozessualen Verteidigungsmittel, der Einrede i. S. der ZPO. Eine rein prozessuale Betrachtung ist somit verfehlt[5],[6].

Die *prozessuale Theorie, wonach die Prozeßaufrechnung allein den Voraussetzungen des Prozeßrechts genügen muß*, ist überholt. Gleichwohl solte man sie kennen – und gegebenenfalls mit den vorstehenden Argumenten ablehnen. Auch hier gilt aber der Rat, sich nicht voreilig für eine der Theorien – hier: die Theorie vom Doppeltatbestand – zu entscheiden. Voreilig in diesem Sinn handelt man dort nicht, wo die Ansichten zu divergierenden Ergebnissen gelangen. Das kann in den folgenden Fällen geschehen:

a) Nach § 388 BGB kann allein der Inhaber einer Forderung die Aufrechnung erklären. Als reine Prozeßhandlung dagegen kann die Aufrechnung auch von Dritten vorgenommen werden, z. B. durch den verklagten Bürgen oder den Nebenintervenienten[7].

b) Die Aufrechnungserklärung als materiellrechtliche Willenserklärung kann nur unter den Voraussetzungen der §§ 119 ff BGB beseitigt werden. Eine Prozeßhandlung ist demgegenüber grundsätzlich frei widerruflich[8].

c) Materiellrechtliche Willenserklärungen können auch bei einem Verfahrensstillstand wirksam abgegeben werden. Für Prozeßhandlungen sieht § 249 II ZPO aber Einschränkungen vor[9].

3. Im *Aufrechnungswege* macht B seinen Schadensersatzanspruch erstmals geltend. Es handelt sich also um eine Prozeßaufrechnung im eigentlichen Sinne. Zu ihrer Wirksamkeit muß somit den Erfordernissen genügt sein, die das Prozeßrecht an die Wirksamkeit von Prozeßhandlungen stellt (Prozeßhandlungsvoraussetzungen); nach der Theorie vom *Doppeltatbestand* sind *zusätzlich* die Voraussetzungen des BGB (§§ 387 ff) zu prüfen.

---

[5] so aber die sog. prozessuale Theorie; vgl. ENNECCERUS/LEHMANN, § 69 III 1; NIKISCH, FS für Lehmann, 1956, Bd. 2, S. 765.

[6] vergleichen Sie damit die Rechtsnatur des Prozeßvergleichs (oben S. 43): Da geht man gerade nicht von einem *Doppeltatbestand*, sondern von einer *Doppelnatur* aus.

[7] THOMAS/PUTZO, § 145 Anm. II 3.

[8] zu den Ausnahmen THOMAS/PUTZO, Einleitung III 4.

[9] vgl. BGH NJW 1984, 357, 358; SCHREIBER, JA 1980, 344, 345.

In welchem Abschnitt des Prozesses findet diese Prüfung statt? Die *Antwort* scheint auf der Hand zu liegen. Da es sich bei der Aufrechnung um ein Verteidigungsmittel handelt, darf der Angriff (die Klage) keinen Erfolg haben, falls die Aufrechnung durchgreift. Also soll die Aufrechnung zu prüfen sein, bevor der Klage stattgegeben wird. – Diese Lösung hat einen Nachteil für den Kläger. Denn der Beklagte könnte so den Prozeß verschleppen: er „erfindet" eine Forderung, stellt sie zur Aufrechnung, der Kläger bestreitet, das Gericht erhebt Beweise ... Dem wirken die *§§ 145 III, 302 ZPO* entgegen. Ist der Prozeßstoff neu, steht die Aufrechnungsforderung mit der Hauptforderung nicht „in rechtlichem Zusammenhang" (§ 145 III, 302 I ZPO), so kann zunächst nur über die Klageforderung verhandelt und entschieden werden.

Das geht hier nicht. Klage- und Aufrechnungsforderung resultieren beide aus dem Werkvertrag: B macht gegen A einen Anspruch aus positiver Forderungsverletzung geltend. – Darum bleibt es bei dem Grundsatz, daß die Aufrechnung vor einem Urteil, das über die Klage entscheidet, anzusprechen ist.

4. Für eine wirksame *Prozeßaufrechnung* müssen die folgenden *materiellrechtlichen und verfahrensrechtlichen Voraussetzungen* vorliegen:

a) Wegen des prozessualen Tatbestandes, der „Einrede" i. S. der ZPO: die *Prozeßhandlungsvoraussetzungen.*

b) Wegen des materiellrechtlichen Tatbestandes, der rechtsvernichtenden Einwendung i. S. der materiellrechtlichen Terminologie:

aa) die Forderungen, die aufgerechnet werden sollen, müssen im Gegenseitigkeitsverhältnis stehen (§ 387 BGB), d. h. der Schuldner der einen muß der Gläubiger der anderen Forderung sein;

bb) die gegenseitig geschuldeten Leistungen müssen gleichartig sein (§ 387 BGB);

cc) die Aktivforderung muß fällig sein (§ 387 BGB);

dd) die Passivforderung muß erfüllbar sein (§ 387 BGB);

ee) es darf kein Aufrechnungsausschluß vorliegen.

c) Keine besonderen Probleme tauchen auf, wenn der Beklagte *ausschließlich* zum Verteidigungsmittel „Einrede der Aufrechnung" greift. Dieser Fall der Primäraufrechnung ist freilich in der Praxis selten (und deshalb auch kaum jemals Gegenstand einer Aufgabe aus dem Bereich des Zivilprozeßrechts). Denn üblicherweise versucht der Beklagte seine Forderung „zu retten": weil auch sie durch die Aufrechnung erlöschen (§ 389 BGB) und diese Wirkung sogar rechtskräftig festgestellt werden würde (§ 322 II ZPO), will der Beklagte die Klage zunächst auf anderem Weg zu Fall bringen. So kann er die klagebegründenden Tatsachen bestreiten – wie hier geschehen – oder materiellrechtliche Einwendungen vorbringen. Nur hilfsweise, „eventuell", und gleichsam als letztes Mittel soll die Aufrechnung zum Tragen kommen.

So auch in unserem Fall[10], der damit die für Übung und Examen typischen Aufrechnungsprobleme zur Debatte stellt.

d) Prüfen wir die Voraussetzungen der Prozeßaufrechnung.

aa) Wie steht es zunächst um die „Prozeßhandlung Aufrechnungseinrede“, die doch unter der *Bedingung* vorgenommen wurde, daß andere Einreden nicht zum Erfolg führen?

Prozeßhandlungen sind grundsätzlich bedingungsfeindlich. Sie führen nämlich zu einer Verfahrensgestaltung[11]. Unsicherheiten darüber, ob nun gestaltet ist oder nicht, sind darum zugleich Unsicherheiten über die Prozeßentwicklung. Solche Unsicherheiten sind nicht hinnehmbar. Andererseits ergeben sich aus diesem *Zweck des Bedingungsverbotes* dessen Grenzen. Wo der Eintritt der Bedingung klar festzustellen ist, weil es sich um ein innerprozessuales Ereignis handelt, ist deren Beifügung zulässig. Man spricht alsdann von einer „innerprozessualen Bedingung“. – Darum handelt es sich hier. Denn die Bedingung für das Wirksamwerden der Prozeßaufrechnung ist der Mißerfolg der anderen Verteidigungsmittel; dieser Mißerfolg wird vom Gericht innerprozessual konstatiert.

bb) *Bedingungsfeindlich ist nach § 388 S. 2 BGB auch die materiellrechtliche Gestaltungserklärung.* Ebenso wie das Bedingungsverbot für Prozeßhandlungen greift § 388 S. 2 BGB von seinem Zweck her nicht ein, die Vorschrift ist folglich teleologisch zu reduzieren[12]. Auch die Ratio des § 388 S. 2 BGB geht dahin, Unklarheiten zu vermeiden. Weil diese Unklarheiten hier nicht auftauchen bzw. innerprozessual beseitigt werden, ist die beigefügte Bedingung zulässig.

In diesen Bereichen, die hier unter 4a) und 4d)aa) abgehandelt worden sind, herrscht nur im Ergebnis Einigkeit. Umstritten sind hingegen der Inhalt der Bedingung und die Begründung für deren doppelte Zulässigkeit. Zum einen wird nämlich angenommen, die Aufrechnung sei durch die Feststellung des Bestandes der Gegenforderung bedingt (was m. E. falsch ist, weil die Hauptforderung *Voraussetzung* für die Aufrechnung ist). Zum anderen soll eine Bedingung dieses Inhalts bloße Rechtsbedingung sein. Der Streit ist müßig, dennoch sollte man ihn in seinen Grundzügen kennen. Lesen Sie darum Rosenberg/Schwab, § 106 II 2.

cc) An dieser Stelle ist das dritte Problem jeder Hilfsaufrechnung angesiedelt – wiederum freilich auf einem Streit beruhend, der eigentlich

---

10 Übrigens nimmt man eine solche Eventualstellung stets an, sofern der Beklagte neben der Aufrechnung andere Einreden im prozessualen Sinne erhebt. Ausdrücklich muß der Wille, nur hilfsweise aufzurechnen, also nicht einmal erklärt werden!

11 vgl. Zeiss, § 35 II 1, 2.

12 Schlosser, ZPR I, Rdn. 330.

den Namen nicht mehr verdient, weil heute nur noch eine Ansicht vertreten wird. Konkret: es geht um die Frage, ob der Bestand der Hauptforderung festzustellen ist. Die Antwort scheint auf der Hand zu liegen: wo keine Hauptforderung, da keine Aufrechnung — folglich ist die Hauptforderung zu prüfen und zu bejahen, damit von einer erfolgreichen Aufrechnung gesprochen werden kann. Das ist so richtig, wenn man nur eine, nämlich die materiellrechtliche Seite betrachtet.

Indessen schreibt § 300 I ZPO den Erlaß des Urteils vor, sobald Erfolg oder Mißerfolg der Klage feststehen. Von daher wäre die Klage abweisungsreif: entweder besteht die Klageforderung gar nicht, oder sie ist durch die Aufrechnung erloschen. Das war der Standpunkt der überholten *„Klageabweisungstheorie"*[13]. Diese scheinbar prozeßökonomische Lösung läßt sich jedoch mit § 322 Abs. 2 ZPO nicht vereinbaren. Es wird nämlich nicht klar, ob die zur Aufrechnung gestellte Forderung verbraucht ist. Zur Prüfung dieser Frage wäre daher ein neuer Prozeß erforderlich[14].

Nach der sog. „Beweiserhebungstheorie" muß deshalb über die streitige Klageforderung Beweis erhoben werden[15]. Es kommt daher nur nach der (positiven) Entscheidung über die Klageforderung zu einer weiteren Prüfung der Aufrechnung.

In unserem Fall ist demnach das Bestehen der Klageforderung notfalls durch Beweisaufnahme zu klären.

5. Da wir nicht wissen, ob die Klageforderung besteht, ist zweigleisig fortzufahren.

a) Stellt das Gericht fest, die Klage sei unabhängig von der Aufrechnung unbegründet, ist die Klage aus diesem Grund abzuweisen.

b) Besteht die Klageforderung, ist in der im übrigen unproblematischen Prüfung der Aufrechnungsvoraussetzungen fortzufahren.

6. Wie steht es nun mit der Rechtsansicht des A, die *Aufrechnung sei unzulässig, weil bereits ein Rechtsstreit schwebt, in dem der jetzt aufgerechnete Anspruch eingeklagt ist?*

Wieder ist der Sachverhalt wenig ergiebig. Eingekleidet in das Vorbringen des A werden die Fakten mitgeteilt, die zu würdigen sind; auch findet sich ein Fingerzeig auf ein denkbares Ergebnis diese Würdigung („Unzulässigkeit der Aufrechnung"). Weiteres fehlt.

---

[13] OLG Braunschweig, OLG-Rspr. 16, 115.

[14] Schreiber, JA 1980, 344, 346.

[15] BGH LM Nr. 21 zu § 322 ZPO; Thomas/Putzo, § 145 Anm. II 2; Rosenberg/Schwab, § 106 II 2; Schreiber, JA 1980, 344, 346

Um den richtigen Ansartz zu finden, ist es hilfreich, sich die Konsequenzen vor Augen zu führen, die bei einer zulässigen Aufrechnung einträten. Es würden zwei Gerichte mit derselben Frage befaßt, die Gerichtsbarkeit würde also doppelt belastet. Und es besteht die Gefahr zweier divergierender Entscheidungen.

Beides wird normalerweise durch die *Rechtshängigkeitssperre* verhindert: nach § 261 III Nr. 1 ZPO ist eine Klage mit demselben Streitgegenstand unzulässig, solange vor einem anderen Gericht eine identische Klage rechtshängig ist[16]. Wenn dies auch für die Aufrechnung gälte, wäre die Aufrechnung hier unzulässig.

Die hier angeschnittene Aufrechnungsproblematik kann sich in 3 Varianten stellen, in denen dieselbe Forderung jeweils zweifach und parallel geltend gemacht wird:

a) erst Klage, dann Aufrechnung (so unser Fall);

b) erst Aufrechnung, dann Klage;

c) doppelte Prozeßaufrechnung.

Überwiegend wird eine einheitliche Lösung für alle aufgezeigten Fallgestaltungen vorgeschlagen, indem einmal die Möglichkeit, einen Anspruch durch Aufrechnung rechtshängig zu machen, generell verneint[17] oder bejaht[18] wird. Zudem wird eine differenzierende Lösung befürwortet dergestalt, daß bei einer Kollision von Klage und Prozeßaufrechnung mit derselben Forderung die Klage stets unzulässig sei[19].

Der BGH beruft sich auf den Wortlaut des § 261 ZPO. Wenn danach durch die Erhebung der *Klage* die Rechtshängigkeit begründet werde, so lasse das nur den Schluß zu, daß die im Wege eines *Verteidigungsmittels* erhobene Forderung eben *nicht* rechtshängig werde. Auch paßten die §§ 269, 265, 263 ZPO, in denen die Rechtshängigkeit angesprochen wird, nicht für die Aufrechnung. Bejahe man die Rechtshängigkeit, so würde das – nach Ansicht des BGH – folglich zu einer unbilligen Beschränkung der Verteidigungsmöglichkeit führen. Daher setzt der BGH auch den Fall der Aufrechnung nach Klageerhebung dem Fall der Aufrechnung vor Klageerhebung gleich.

Die Argumente leuchten auf den ersten Blick ein. Sie sollten sie sich merken und jedenfalls heranziehen, um die gegenteilige Pauschallösung abzulehnen. Die differenzierende Ansicht läßt sich hingegen nicht so leicht vom Tisch wischen. Für ihre Richtigkeit spricht sogar einiges. Denn es ist, wie gesagt, der Sinn des § 261 III Nr. 1 ZPO, eine mehrfache Inanspruchnahme der Gerichtsbarkeit wegen derselben Sache zu verhindern. Damit ist zugleich die Gefahr einander widersprechender Entscheidungen als mögliche Folge einer doppelten Beschäftigung mit demselben Anspruch weitgehend ausgeschaltet. Damit korrespondiert das Inter-

[16] s. o. im 3. Abschn. S. 51.

[17] BGHZ 57, 242 ff.

[18] Heckelmann, NJW 1972, 1352.

[19] vgl. Zeiss, § 53 V.

esse des Schuldners, sich gegen dieselbe Forderung nicht in mehreren Prozessen verteidigen zu müssen. Das gilt vor allem, weil die Aufrechnung nichts weniger ist als die Selbstbeitreibung einer Forderung. Deshalb muß der Schuldner bemüht sein, eine sofortige „Vollstreckung" der Gegenforderung zu verhindern.

Hier kommt man mit den beiden gut vertretbaren Auffassungen zu demselben Ergebnis, wenn es um das Schicksal der Aufrechnung im Folgeprozeß geht: sie ist zulässig. — Stellt sich heraus, daß die Klageforderung besteht, greift also die Aufrechnungseinrede durch. Die Klage des A wird abgewiesen — und zwar auch *im Hinblick auf die Aufrechnungsforderung*, soweit sie durch die Aufrechnung verbraucht ist (5500,— DM), mit *Rechtskraftwirkung (§ 322 I, II ZPO)*[20].

Sie haben sicherlich gemerkt, wie kompliziert das Recht der Prozeßaufrechnung ist. Vielleicht haben Sie auch erkannt, daß mit der Behandlung der Rechtshängigkeitssperre die einschlägige Problematik an dieser Stelle noch nicht ausgeschöpft ist. Wie, meinen Sie, sollte man den Fall behandeln, in dem die Aufrechnungsforderung in die Zuständigkeit der Verwaltungsgerichte (§ 40 I VwGO) fällt? Oder allgemein gefragt: gibt es eigentlich Sachentscheidungsvoraussetzungen auch bei einer Aufrechnung? Oder sind sie nur bei einer Klage zu prüfen?

Wegen der Relevanz der Prozeßaufrechnung sollten Sie sich die Antworten auf diese und andere Fragen durchlesen (etwa in meinem Aufsatz JA 1980, 344—348).

Die Abwandlung

I. Die Problemstellung

Die Abwandlung führt zu einer Problematik, die sich aus der Lehre vom Doppeltatbestand der Prozeßaufrechnung ergibt: Die Unbeachtlichkeit des prozessualen Teils der *Prozeß*aufrechnung — der Aufrechnungs*einrede* — kann hiernach nicht ohne weiteres auch die Aufrechnung als Rechtsgeschäft erfassen. Denn für diesen Teil der Prozeß*aufrechnung* — die *rechtsvernichtende Einwendung* — ist allein das materielle Recht maßgebend. Danach (§§ 387 ff BGB) wäre die Aufrechnung wirksam und wären die Forderungen von A und B erloschen (§ 389 BGB). Konsequenterweise müßte die Klage des B im Erstprozeß abgewiesen werden. Ebenso folgerichtig wäre aber auch der Aufrechnung des B im Zweitprozeß der Erfolg zu versagen; allein das Prozeßrecht (§ 296 ZPO) steht dem entgegen. B hätte also bis hierher seine Forderung ohne jeden Erfolg geopfert.

---

[20] Freilich müßte nach der differenzierenden Ansicht die Klage des B im Erstprozeß als unzulässig abgewiesen werden, soweit sie 500,— DM übersteigt. Insoweit fehlt B nun das Rechtsschutzinteresse. Allerdings ist die Klage des B insoweit erst durch die Aufrechnung unzulässig geworden. Der Klageabweisung kann B daher entgehen, wenn er die Hauptsache in Höhe von 5500,— DM für erledigt erklärt (ausführlich oben im 2. Abschn. S. 28).

II. Die gängigen Lösungen

Dieses Ergebnis ist für B mißlich und widerspricht unserem Rechtsempfinden. Deshalb herrscht *Einigkeit, daß* in *solchen Fällen die Aufrechnung auch materiellrechtlich unwirksam sein muß*. Die konstruktiven Wege sind unterschiedlich:

1. Zu einer auf den ersten Blick einleuchtenden Lösung gelangt der BGH[21]. Seine Argumentation geht dabei im wesentlichen von der Vorschrift des § 322 II ZPO aus. Lasse das Gericht die Aufrechnung nicht zu, so werde über den Bestand der zur Aufrechnung bestellten Forderung nicht sachlich mit der Wirkung des § 322 II ZPO entschieden. Die Rechtskraft hindert also das Gericht des ersten Prozesses nicht an einer anderen Beurteilung der Rechtslage.

Der BGH differenziert jedoch: Vorstehendes soll nämlich nur gelten, wenn — wie hier — die Aufrechnungseinrede als solche wegen Verspätung unbeachtet bleibt, nicht jedoch, wenn tatsächliches Vorbringen zurückgewiesen wird, das zur Substantiierung der (rechtzeitig) geltend gemachten Aufrechnungseinrede dient. Durch ein klageabweisendes Urteil aufgrund letzterer Fallkonstellation wird die zur Aufrechnung gestellte Forderung aberkannt (§ 322 II ZPO).

Die *Bedenken gegen diese Ansicht* liegen klar zutage. Erinnern Sie sich an den Zweck und die Rechtsfolgen der materiellen Rechtskraft: Die Bindung an rechtskräftige Feststellungen ist das prozessuale Mittel, um divergierende Entscheidungen zu verhindern. Deswegen sind andere Gerichte an diese Feststellungen gebunden, mögen sie richtig oder falsch sein. Lehnt man eine Rechtskraftwirkung hinsichtlich der Aufrechnungseinrede ab, hat das Gericht des Erstprozesses in unserem Fall also prozessual freie Hand in der Beurteilung der Aufrechnung. — Mehr freilich nicht! Weil durch die Aufrechnungserklärung auch die Forderung des B erloschen ist, materiellrechtlich also eine Rechtsgestaltung stattgefunden hat, müßte das Gericht aus diesem — *materiellrechtlichen* — Grund die Klage abweisen. Der BGH bleibt also auf halbem Weg stehen, weil er die Erlöschenswirkung kraft § 389 BGB unberücksichtigt läßt[22].

2. Deshalb liegt es nahe, die beiden Tatbestände der Prozeßaufrechnung miteinander zu verknüpfen: wo die Aufrechnungserklärung prozessual wirkungslos ist, soll die Aufrechnung auch materiellrechtlich unwirksam sein. — Wie aber ist die Verknüpfung zu begründen?

---

[21] vgl. BGH NJW 1984, 128, 129; früher bereits BGHZ 16, 124, 140; 24, 97, 99; 33, 236, 242.

[22] A. Blomeyer, ZZP 88, 439, 441.

a) Führen Sie sich vor Augen, daß die beiden Tatbestände der Prozeßaufrechnung in *einer* Erklärung verbunden sind, daß es sich also um *eine* Aufrechnung handelt. Ein Teil dieses Gesamttatbestandes ist unwirksam. Bewegten wir uns insgesamt im materiellen Recht, wären die Probleme gering: die *Anwendung von § 139 BGB* drängt sich geradezu auf. Und mit dem Rechtsgedanken dieser Vorschrift wird denn auch die Verknüpfung von prozessualem und materiellrechtlichem Tatbestand begründet. Weil der Aufrechnende nur beide Teile zusammen wolle, seien prozessuale Einrede und materiellrechtliche Einwendung *ein* Geschäft. Damit teilt der materiellrechtliche Teil das Schicksal des prozessualen Parts[23].

b) Nachdem Sie gesehen haben, wie großzügig im Bereich der Prozeßaufrechnung mit dem Bedingungsverbot des § 388 S. 2 BGB verfahren wird, wird Ihnen eine weitere Begründung einleuchten: *die materiellrechtliche Aufrechnungserklärung sei stillschweigend unter die auflösende Bedingung gestellt, daß das Gericht die prozessuale Einrede beachte.* Der Aufrechnungsgegner, der sich ja gerade gegen die prozessuale Beachtlichkeit der Einrede gewehrt habe, sei nicht schutzbedürftig. § 388 S. 2 BGB greife somit von seiner Ratio her nicht ein[24].

3. In die gleiche Richtung zielt eine Meinung, die für einen Sachverhalt wie unseren eine *Gesetzeslücke* im BGB bejaht. Diese Lücke müsse durch eine Ergänzung mit dem Satz geschlossen werden, daß *die materiellrechtliche Wirkung des § 389 BGB nur für den Fall eintreten soll, daß die Aufrechnung vom Gericht auch berücksichtigt wird*[25].

4. Diesen verschiedenen Lösungsversuchen lassen sich noch einige hinzufügen. Viel Neues bringen sie nicht. Stattdessen taucht bei allzu zahlreichen Theorien und allzu großer Meinungsvielfalt die Gefahr auf, „vor lauter Bäumen den Wald nicht mehr zu sehen". Darum sollten Sie sich mit den zwei oder drei Theorien begnügen, die Sie von den soeben vorgestellten nachvollziehen können. Auf der anderen Seite können Sie sich damit beruhigen, daß Sie nicht viel falsch machen können. Wo so viele Lösungsansätze angeboten werden, ist in einer Fallbearbeitung mit akzeptabler Begründung alles vertretbar.

III. Ein neuer, einheitlicher Lösungssatz

All die soeben angeführten Auffassungen haben eine Schwäche. Weil sie das *prozessuale Verteidigungsmittel mit der materiellrechtlichen Einwendung*

---

23 so ROSENBERG/SCHWAB, § 106 III 2; PALANDT/HEINRICHS, § 388 Anm. 2; LÜKE/HUPPERT, JuS 1979, 165, 169.

24 SCHLOSSER, ZPR I, Rdn. 325; HÄSEMEYER, FS für Weber, 1975, S. 215, 223.

25 HENCKEL, ZZP 74, 165, 184.

verknüpfen, kommen sie zwangsläufig nur zur Anwendung, wenn von einem Prozeß überhaupt die Rede ist. Der andere Aufrechnungsfall bleibt damit ungelöst: angenommen, die Aufrechnung ist zu einem Zeitpunkt erklärt worden, als ein *Rechtsstreit*, in dem die Aufrechnung eine Rolle spielen könnte, *noch gar nicht absehbar war*. Jeder Versuch, hier aus der Retrospektive etwa einen entsprechenden Parteiwillen („Meine Aufrechnungserklärung soll nur gelten, wenn sie prozessual beachtlich sein wird!") zu konstruieren, ist verfehlt und wird auch nicht gewagt[26]. Und: ob bei der Prozeßaufrechnung tatsächlich eine Verknüpfung, wie hier unter II. dargestellt, anzunehmen ist, mag man immerhin bezweifeln. Denn genauso, wie der vorprozessual Aufrechnende nicht mit einem späteren Prozeß zu rechnen braucht, kann er auf die Möglichkeit der Zurückweisung etwa nach § 296 ZPO gar keinen Gedanken verwendet haben. Mindestens die „Verknüpfung per Parteiwillen" kann deshalb auf eine Fiktion dieses Parteiwillens hinauslaufen.

Zwischendurch: Bevor Sie weiterlesen, sollten Sie sich das gerade Gelesene noch einmal vergegenwärtigen. Nur wenn Sie sicher sind, noch aufnahmefähig zu sein, fahren Sie in der Lektüre fort. Falls „es Ihnen reicht", können Sie sich den Rest ersparen (und sich in Fallbearbeitungen auf das bisher Kennengelernte stützen). Im Folgenden handelt es sich um die letzte Verästelung des Problems.

Das *KG* wollte jenen Bedenken Rechnung tragen. Es hat deshalb ausgeführt[27]:

„Nach Auffassung des Senats kann auch nicht den Lösungsvorschlägen gefolgt werden, die aus der prozessualen Unbeachtlichkeit der Prozeßaufrechnung allgemein auf eine materielle Unwirksamkeit schließen wollen, indem der Rechtsgedanke des § 139 BGB herangezogen (*Nachweise*) oder in rechtsfortbildender Erweiterung der §§ 387 ff BGB ein entsprechendes materiellrechtliches Aufrechnungshindernis angenommen wird (*Nachweise*). Mit Recht ist hiergegen geltend gemacht worden, daß die Lösung über eine stillschweigende Bedingung in Anwendung von § 139 BGB[28] schon an der materiellen Bedingungsfeindlichkeit der Aufrechnung (§ 388 Satz 2 BGB) scheitert und daß die materielle Regelung nicht als lückenhaft angesehen werden kann (*Nachweise*). Es kommt hinzu, daß die erwähnten Theorien die gebotene Gleichbehandlung der bereits vorprozessual erklärten, im Prozeß lediglich geltend gemachten Aufrechnung mit der eigentlichen Prozeßaufrechnung nicht befriedigend herleiten können. Ferner wird nicht berücksichtigt, daß eine automatische Bindung der materiellen Wirkungen an die prozessuale Zulässigkeit in vielen Fällen zu einer Schädigung der aufrechnenden Prozeßpartei durch endgültigen Verlust der Vorteile aus der Aufrechnungslage führen kann.

---

[26] vgl. Rosenberg/Schwab, § 106 III 2, § 69 II 4; Schlosser, ZPR I, Rdn. 325.

[27] ZZP 86, 441, 442.

[28] Hier werden zwei verschiedene Aspekte miteinander vermengt; s. o. II 2 a und b, S. 69.

Das gilt insbesondere im Falle der Insolvenz des Prozeßgegners, an den ohne die Aufrechnung mit einer noch nicht titulierten Gegenforderung zunächst geleistet werden müßte, ferner bei Aufrechnung gegenüber einem Zessionar mit einer gegen den Zedenten bestehenden Forderung (§ 406 BGB) sowie bei Aufrechnung mit einer inzwischen verjährten Gegenforderung (§ 390 Satz 2 BGB). Diese Fälle können nur befriedigend gelöst werden, wenn *auch eine verfahrensrechtlich unbeachtliche Aufrechnung als materiell wirksam angesehen und ein Weg zur Durchsetzung in einem dafür bestimmten Anschlußverfahren*, etwa durch Vollstreckungsgegenklage gemäß § 767 ZPO, *eingeräumt wird*"[29].

Danach entfaltet also die prozessual unbeachtliche Aufrechnung die Wirkung des § 389 BGB, Haupt- und Gegenforderung sind erloschen. Damit scheint das Ergebnis, das wir oben verworfen haben, unvermeidbar: B verliert seine Gegenforderung, wird aber selbst zur Zahlung verurteilt. Dieser Konsequenz tritt aber auch das KG entgegen. Es verweist den doppelt unterlegenen B auf den Weg der Vollstreckungsgegenklage (§ 767 ZPO), um die materiellrechtliche Unrichtigkeit des Zahlungsurteils geltend zu machen. Die Sperre des *§ 767 II* ZPO räumt das Gericht kurzerhand beiseite. Diese Bestimmung sei *auf eine prozessual unberücksichtigt gebliebene Aufrechnung nicht anzuwenden.*

Wenn Sie jetzt überrascht sind, weil die Wiedergabe der Entscheidung hier endet, so ist diese Überraschung gerechtfertigt. Denn das Gericht gibt für seine Auffassung zu § 767 II ZPO keine Begründung; so ist eben die „Auffassung des Senats". Daß *Ihnen* das angekreidet worden wäre, ist Ihnen hoffentlich klar. Sie sollten aber auch wissen, daß Autorität keine Argumente ersetzt. Deswegen müßte hier wie sonst die Begründung von Ihnen nachgeliefert werden, falls Sie dieser Ansicht im Ergebnis folgen wollen. — Richtigerweise sollte man sie in dieser Allgemeinheit ablehnen:

Hier hätte der Vollstreckungsgegenkläger die Möglichkeit gehabt, die vor Schluß der mündlichen Verhandlung entstandene Einrede rechtzeitig in den Rechtsstreit einzuführen. Dann erscheint es aber auch gerechtfertigt, wenn durch § 767 II ZPO ein späteres Vorbringen ausgeschlossen wird. Der Beklagte braucht keine zweite Chance[30]. Die Gegenforderung kann daher bei Zurückweisung wegen Verspätung nicht im Wege einer Vollstreckungsgegenklage geltend gemacht werden[31]. Hiernach bliebe es bei dem mißbilligten Ergebnis. Deshalb sollte man sich einer der unter II. dargestellten Ansichten anschließen.

Folge: die Klage des B im Erstprozeß ist begründet.

IV. Speziell zur Vollstreckungsgegenklage

Auf die Voraussetzungen der Vollstreckungsgegenklage — von manchem auch Vollstreckungsabwehrklage genannt — will ich um der Systematik

[29] Hervorhebung nur hier.

[30] Grunsky, ZZP 86, 443, 447.

[31] Rosenberg/Schwab, § 106 III 2.

willen erst im Zusammenhang mit Erinnerung (§ 766 ZPO) und Drittwiderspruchsklage (§ 771 ZPO) eingehen[33]. Einer der „im Ernstfall" problematischen Punkte ist aber mit der Aufrechnung bereits angesprochen. Denn hinsichtlich der Gestaltungsrechte (Aufrechnung, Anfechtung, Kündigung usw.) herrscht im Rahmen von § 767 II ZPO Streit. Es dreht sich um die Frage, wann eine rechtsvernichtende Einwendung, die sich auf solche Gestaltungsrechte stützt, „*entstanden*" ist (vgl. § 767 II ZPO): im Zeitpunkt der begründeten Gestaltungs*erklärung* (Aufrechnungserklärung) oder schon zu der Zeit, zu welcher der Gestaltungs*grund* (die Aufrechnungslage) vorlag[34]?

Hier kommt es auf die Antwort nicht an. Denn die Aufrechnungserklärung, die ja im Rahmen einer Prozeßaufrechnung vorgenommen wurde, lag im Zeitpunkt der letzten mündlichen Verhandlung bereits vor. Die Geltendmachung der rechtsvernichtenden Einwendung Aufrechnung war damit ausgeschlossen — wenn man nicht wie das KG § 767 II ZPO *von vorneherein* ablehnen will.

---

[32] Das entschiedene Verfahren betraf eines der freiwilligen Gerichtsbarkeit (§§ 156, 157 KostO). In diesem Verfahren wurde vom Antragsgegner (= Beklagten) die Aufrechnung mit einer Forderung erklärt, über deren Bestand nicht im FG-Verfahren entschieden werden konnte. Die zur Aufrechnung gestellte Forderung war in diesem Verfahren nicht aufrechenbar. In diesem *Spezialfall* mag man zu dem Ergebnis gelangen, daß § 767 II ZPO einer Vollstreckungsgegenklage nicht entgegensteht (in diese Richtung auch BGH WM 1969, 1303).

[33] unten im 7. Abschn. S. 100.

[34] vgl. zunächst STEIN/JONAS/MÜNZBERG, § 767 Rdn. 30 ff.

5. Abschnitt

Prozessuale Probleme:

Beweislast,
non-liquet und Eigentumsvermutung (§ 1006 BGB),
Rechtshängigkeit und Rechtsschutzinteresse,
die Sachentscheidungsvoraussetzungen von
- Widerklage
- Feststellungsklage
- Zwischenfeststellungsklage,

Konkurrenz Leistungsklage — Feststellungsklage.

Ausgangsfall („Streit um eine orange-rote Mauritius")

A klagt gegen B auf Herausgabe einer Briefmarke: einer orange-roten „Mauritius", one-penny, Katalogwert 20 000,— DM. Sowohl A als auch B reklamieren das Eigentum an dieser philatelistischen Rarität für sich. Das Gericht kann den Sachverhalt nicht mehr weiter aufklären. — Im Laufe des Prozesses geht B zum Gegenangriff über. Er erhebt Widerklage mit dem Antrag festzustellen, daß er, B, Eigentümer der Marke sei.

Abwandlung — der umgekehrte Fall:

Weil A Dritten gegenüber fortwährend behauptet, er sei Eigentümer der Briefmarke, ergreift B die Initiative: er klagt mit dem Antrag festzustellen, daß A gegen ihn keinen Herausgabeanspruch hat. Dagegen wendet sich A. Er beantragt widerklagend, den B zur Herausgabe zu verurteilen.

Wie wird das Gericht entscheiden?

Lösung (Grundfall)

I. Zum Aufbau:

Die prozessuale Konstellation weist eine Besonderheit auf. Es geht nicht nur um eine Klage, sondern im Ausgangsfall (und in der Abwandlung) hat der jeweilige Beklagte Widerklage erhoben. Über beide Klagen ist also zu befinden. Sicherer und damit vorzugswürdig ist es, *beide Klagen getrennt zu behandeln*: Prüfen Sie *zuerst* die Aussichten der sogenannten *Haupt- oder Vorklage, dann* die der *Widerklage*.

Ihnen wird freilich schon bei der Lektüre des Sachverhalts aufgefallen sein, daß sich die Prüfungen im materiellrechtlichen Teil überschneiden. Das ist bei Klage und Widerklage oft so. Denn § 33 I ZPO verlangt einen rechtlichen Zusammenhang zwischen Klage und Widerklage. Wenn Sie sich im Einzelfall sicher genug fühlen, diese Abhängigkeiten elegant auszunutzen, sollten Sie den bei getrennter Prüfung notwendigen Verweisungen ausweichen und die Rechtslage zusammenhängend darstellen.

In unserem Fall ist die getrennte Prüfung günstiger. Denn B begehrt eine Feststellung, die sich augenscheinlich aus der Prüfung des Herausgabeanspruchs A – B ergibt.

II. Die Herausgabeklage A gegen B

1. Zur Zulässigkeit braucht nichts gesagt zu werden. Vor allem sollten Sie hier wie auch sonst auf den Satz verzichten, dieser Punkt sei „unproblematisch". Wenn das in der Tat der Fall ist, bringt die Feststellung nichts. Sie zeigt allenfalls Ihr Unbehagen, nichts zur Zulässigkeit der Klage sagen zu können, und signalisiert Unsicherheit – die hier zudem nicht ganz unbegründet ist. Denn es liegt eben wegen der teilweisen Identität von Haupt- und Widerklage auf der Hand, daß die Klagen kollidieren. Daraus können Probleme resultieren. Nur stehen die Probleme *nicht* der *Hauptklage, sondern* allenfalls dem Erfolg der *Widerklage* im Wege, weil diese darauf abzielt, eine bereits abgehandelte Frage – das Eigentum des A – nochmals „aufzuwärmen". Wenn überhaupt, so läßt sich an dieser Stelle allenfalls kurz auf diese Kongruenz und deren *Unerheblichkeit für die Hauptklage* hinweisen.

2. Begründetheit der Klage A–B

Als Grundlage des Herausgabeanspruchs kommt ernsthaft nur § 985 BGB in Betracht.

a) Hinsichtlich des Eigentums des A liegt hier ein Fall des *„non liquet"* vor. Es ist dem Richter nicht möglich, sich in einer nach *§ 286 ZPO* ausreichenden Weise von der Wahrheit der fraglichen Behauptung zu überzeugen: weder das Eigentum des A noch das des B *stehen für das Gericht mit einem so hohen Grad von Wahrscheinlichkeit fest, daß Zweifeln Schweigen geboten wird, ohne sie völlig auszuschließen*[1].

b) In einer solchen Situation ist entscheidend, wer die *subjektive Beweislast*, d. h. die Behauptungs- und Beweisführungslast trägt[2]. Denn wenn der Beweis mißlingt, hat die beweispflichtige Partei die Folgen der Beweislosigkeit zu tragen (sog. *objektive Beweislast*)[3]. Bleibt z. B. der Kläger „beweisfällig", ist die Klage abzuweisen.

---

[1] Vgl. BGHZ 53, 245, 256 – „Anastasia-Fall" –.

[2] Gottwald, Jura 1980, 225 ff; Schlosser, ZPR I, Rdn. 359 ff

[3] Thomas/Putzo, Bemerkung 7 b vor § 284.

aa) Zu den Beweislastregeln gehören auch die gesetzlichen Vermutungen[4]. Der durch die Vermutung Begünstigte hat im Bestreitensfall nur mehr die Vermutungsbasis zu beweisen. Dem Gegner obliegt dann der Beweis des Gegenteils (§ 292 ZPO). Dieser aber ist in der Regel erst erbracht, wenn jede Möglichkeit widerlegt ist, daß die Vermutung im konkreten Fall zutrifft[5].

bb) Ist das Eigentum an einer beweglichen Sache im Streit, sollte stets an die Vermutung des § 1006 BGB gedacht werden. Gemäß § 1006 I 1 BGB wird zugunsten des Besitzers einer beweglichen Sache vermutet, daß er Eigentümer sei. Im Rahmen des § 985 BGB wird also der Besitzer der Sache in der Beweislast bevorzugt. Das ist hier B. Er wird somit als Eigentümer der Briefmarke angesehen. Ein Herausgabeanspruch des A gegen B aus § 985 BGB besteht folglich nicht.

cc) Damit ist die Klage unbegründet. Sie ist *abzuweisen.*

Zur Terminologie: Eine Klage wird nicht „*verworfen*" oder „*zurückgewiesen*". Das sind Begriffe aus den Rechtsmittelinstanzen. Auch ist eine Klage nicht „als unbegründet abzuweisen". Vielmehr bleibt es allein bei der *Abweisung,* wenn die Klage *unbegründet* ist. Eine *unzulässige* Klage jedoch wird „als unzulässig abgewiesen". — Fehler insoweit deuten auf praktische Unerfahrenheit hin. Sie sind leicht vermeidbar.

3. Die Feststellungswiderklage B — A

a) Man scheut vor solchen Konstellationen zurück. Mit der gewöhnlichen Klage hat man sich inzwischen einigermaßen vertraut gemacht; nun aber kommt hinzu, daß die Klage im Wege des *Gegenangriffs* als *Widerklage* und von ihrem *Inhalt* her als *Feststellungsklage* erhoben wird. Andererseits: wenn man die *Feststellungs-Wider-Klage* so aufgliedert, verliert sie ihren Schrecken. Ihre *Zulässigkeit* ist Schritt für Schritt wie folgt zu prüfen:

aa) für die Zulässigkeit der *Klage* müssen die *allgemeinen Sachurteilsvoraussetzungen* vorliegen;

bb) für die Zulässigkeit der *Widerklage* müssen deren *besondere Sachurteilsvoraussetzungen* vorliegen;

cc) die Zulässigkeit der *Feststellungs*klage ist davon abhängig, daß zusätzlich *deren besonderen Erfordernissen* genügt ist.

---

[4] Unterschieden wird zwischen Tatsachen- und Rechtsvermutungen. Jene sind auf das Vorliegen eines gesetzlichen *Tatbestandsmerkmals,* diese auf das gegenwärtige Bestehen oder Nichtbestehen eines *Rechtes* gerichtet (Rosenberg/Schwab, § 117 I 4).

[5] Gottwald, aaO., S. 236.

Zu aa): Allgemeine Sachentscheidungsvoraussetzungen

Von den allgemeinen Sachurteilsvoraussetzungen ist hier nur problematisch, ob der Klage des B nicht die Rechtshängigkeit der Herausgabeklage des A entgegensteht. Innerhalb von deren Prüfung wird nämlich als Vorfrage das Eigentum des A an der Briefmarke geprüft.

Die exakte Einordnung dieses Problems in die Frage der anderweitigen Rechtshängigkeit und nicht in die des Rechtsschutzinteresses bereitet häufig Schwierigkeiten. Eine Vermischung beider Problemkreise ist nicht unbedenklich[6], weil die Generalklausel des Rechtsschutzinteresses unnötig mit der Problematik der Rechtshängigkeit belastet würde. Darum ist es jedenfalls in Prüfungsarbeiten empfehlenswert, Generalklauseln nur zurückhaltend anzuwenden. Auch beeindruckt die Beherrschung dogmatischer Strukturen, während die Anwendung von Generalklauseln, wo sie vermeidbar ist, entsprechende Schwächen offenbart. Auf sie sollte nur zurückgegriffen werden, wenn das sonstige Instrumentarium zu keinem akzeptablen Ergebnis führt.

Die *Rechtshängigkeitssperre* ist in *§ 261 III Nr. 1 ZPO* nur sehr ungenau beschrieben. Zur Auslegung dieser Norm ist daher der *Zweck* der Vorschrift zu beachten. Dieser ist

– vor allem die inhaltliche Entscheidungsharmonie, d. h. die Vermeidung divergierender Urteile über den Streitgegenstand,
– aber auch die Prozeßökonomie, also die Vermeidung mehrfacher Prozeßführung.

Demnach ergeben sich als *Voraussetzungen für die Einrede der anderweitigen Rechtshängigkeit*

(1.) *Identität der Parteien*
und

(2.) *Identität der Streitgegenstände*; insoweit ist entscheidend, durch welche Merkmale der Streitgegenstand bestimmt wird. Sie sind oben im 3. Abschnitt dargestellt.

Hier ist schon aufgrund der unterschiedlichen Anträge – einmal *Leistung*, das andere Mal *Feststellung* – offensichtlich, daß die Widerklage einen anderen Streitgegenstand als die Hauptklage hat. Demnach geht der Einwand der Rechtshängigkeit ins Leere.

Zu bb): Besondere Sachentscheidungsvoraussetzungen der Widerklage.

Sie lassen sich wie folgt zusammenstellen:

(1.) Die sogenannte Vor- oder *Hauptklage* (hier A gegen B) muß im Zeitpunkt der Erhebung der Widerklage *rechtshängig* sein[7].

---

[6] Vgl. Zeiss, § 42 II 3 b bb.
[7] Thomas/Putzo, § 33 Anm. 5 a.

In der Berufungsinstanz gelten die §§ 523, 530 I ZPO, in der Revisionsinstanz ist eine Widerklage wegen § 561 ZPO grundsätzlich unzulässig.

(2.) Die Widerklage muß *in derselben Prozeßart* wie die Hauptklage *erhoben werden* und *dort zulässig* sein.

Letzteres ist z. B. nicht der Fall im Urkunden- und Wechselprozeß (§ 595 I ZPO), im Entmündigungsverfahren (§§ 667 II, 679 IV, 684 IV, 686 IV ZPO), teilweise im Ehe- und Kindschaftsprozeß (§§ 610 II, 633 II, 638, 640 c S. 2 ZPO), sowie im Mahnverfahren erst nach Übergang zum Streitverfahren[8].

(3.) Die Widerklage muß grundsätzlich *gegen die andere Partei der Hauptklage* gerichtet sein[9].

Der BGH[10] läßt aus prozeßökonomischen Erwägungen die Widerklage auch gegen Dritte zu. Fraglich ist allerdings, ob es wirklich notwendig ist, derart die Konturen der Widerklage aufzulösen. Den Erfordernissen praktikabler Prozeßgestaltung genügt es, diese Fälle als Parteierweiterung nach den Grundsätzen von Streitgenossenschaft (§§ 59 ff ZPO)[11], Verbindung (§ 147 ZPO) und Trennung (§ 145 I ZPO) anzusehen.

(4.) *Streitig ist, ob für die Zulässigkeit der Widerklage ein Zusammenhang zwischen Klage und Widerklage gegeben sein muß.*

Dafür spricht zum einen der Wortlaut des § 33 I ZPO, zum anderen aber auch, daß die Widerklagebefugnis nicht zu weit ausgedehnt werden sollte[12].

Die *Gegenansicht*[13] sieht in § 33 I ZPO nur eine Gerichtsstandsregelung. Sie argumentiert vor allem mit der systematischen Stellung des § 33 I ZPO innerhalb der Gerichtsstandsvorschriften und weist auf die Einheitlichkeit des § 33 ZPO hin: jedenfalls der Abs. 2 der Bestimmung könne sich sinnvollerweise nur auf die Gerichtsstandsregelung beziehen.

Wie so oft kann die Frage letztendlich offen bleiben. Soweit man einen rechtlichen Zusammenhang als besondere Sachentscheidungsvoraussetzung fordert, faßt man dieses Merkmal weit und läßt auch eine wirtschaftliche Zusammengehörigkeit ausreichen[14]. Dieser Zusammenhang ist hier gegeben. Die Widerklage wäre also nach beiden Theorien zulässig.

Zu cc): Besondere Sachentscheidungsvoraussetzungen einer Feststellungsklage.

Die besonderen Voraussetzungen der Feststellungsklage ergeben sich aus *§ 256 ZPO. Abs. 1* dort regelt die eigentliche *Feststellungsklage, Abs. 2* die sogenannte *Zwischenfeststellungsklage.*

---

[8] LORFF, JuS 1979, 569, 570.
[9] THOMAS/PUTZO, § 33 Anm. V c.
[10] BGHZ 40, 185, 187 ff.
[11] S. oben im 1. und 2. Abschn. S. 23, 27.
[12] ROSENBERG/SCHWAB, § 99 II 2 b.
[13] Etwa ZEISS, § 54 II 3.
[14] Vgl. THOMAS/PUTZO, § 33 Anm. 2.

Aufgrund beider Klagen kann das Bestehen oder Nichtbestehen eines Rechtsverhältnisses festgestellt werden. *Rechtsverhältnis im Sinne von § 256 ZPO ist die rechtliche Beziehung zwischen Personen bzw. von Personen zu einem Gegenstand*, wie z. B. hier das Eigentum an der Briefmarke.

(1.) Eine *Feststellungsklage* i. S. v. § 256 I ZPO setzt ein *rechtliches Interesse an der alsbaldigen Feststellung des Rechtsverhältnisses* voraus. Es liegt vor, wenn eine Unsicherheit über das Bestehen eines Rechtsverhältnisses den Kläger selbst beeinträchtigt. Es fehlt, wenn ein einfacherer Weg zur Verfügung steht, diese Unsicherheit zu beseitigen[15]. Darum ist die Feststellungsklage in der Regel subsidiär, wenn der Kläger dasselbe Ziel auch mittels einer Leistungsklage erreichen kann[16].

(2.) Für die *Zwischenfeststellungsklage i. S. v. § 256 II ZPO* ist *dieses besondere Rechtsschutzinteresse nicht* erforderlich. Der Grund dafür ist folgender: In Rechtskraft erwächst grundsätzlich nur der Ausspruch über die begehrte Rechtsfolge (hier also über das Bestehen oder Nichtbestehen der Herausgabepflicht des B), nicht jedoch die Feststellung eines sogenannten vorgreiflichen oder „präjudiziellen" Rechtsverhältnisses[17] (wie z. B. die Feststellung des Eigentums des A in der Prüfung des § 985 BGB). Soweit eine Vorfrage im Rahmen des Prozesses nun zwangsläufig entschieden werden muß, entspricht es dem Grundsatz der Prozeßökonomie, auch dieses Rechtsverhältnis durch die Partei rechtskräftig feststellen lassen zu können. Die einschränkende Forderung eines besonderen rechtlichen Interesses würde dem entgegenstehen. *Der Sinn der Zwischenfeststellungsklage ist also die Erstreckung der Rechtskraft einer Entscheidung auch auf Teile der Entscheidungsgründe, die sonst an der Rechtskraft nicht teilnehmen würden.*

(3.) **Zum Fall:** Wegen der geringeren Anforderungen an die Zulässigkeit ist sinnvollerweise zunächst die Möglichkeit der *Zwischen*feststellungsklage zu untersuchen. Hängt also die Entscheidung des Rechtsstreits wenigstens zum Teil von dem festzustellenden präjudiziellen Rechtsverhältnis ab (§ 256 II ZPO)? –

B will festgestellt wissen, daß *er* Eigentümer der Briefmarke ist. Soweit A seinen Herausgabeanspruch auf § 985 BGB stützt, ist als Vorfrage nur über das Eigentum *des A* an der Mauritius zu entscheiden. Die Entscheidung über die Herausgabe hängt somit nicht vom Eigentum *des B* ab. Die Zwischenfeststellungsklage i. S. v. § 256 Abs. 2 ZPO hilft also nicht weiter. Sie ist unzulässig.

---

15 Thomas/Putzo, § 256 Anm. I 5 d.

16 Schlosser, ZPR I, Rdn. 201.

17 S. oben im 3. Abschn. S. 51.

Demnach bleibt für das Feststellungsbegehren des B hier nur die Feststellungsklage i. S. v. § 256 Abs. 1 ZPO. – A berühmt sich mit der Herausgabeklage eines Rechts, das B für sich in Anspruch nimmt. Dadurch entsteht eine Rechtsunsicherheit, die B beeinträchtigt. Das besondere Feststellungsinteresse liegt somit vor.

(4.) Die Feststellungsklage i. S. v. § 256 Abs. 1 ZPO in der Form der Widerklage ist unzulässig.

(5.) **Zur Terminologie:** Soeben war davon die Rede, daß sich A „eines Rechtes berühme". Das ist in der Sache richtig, von der Begriffsweise her aber antiquiert. Unter Nichtjuristen werden Sie damit auf Unverständnis stoßen, vielleicht auch Spott ernten. In einer juristischen Arbeit können Sie derartige Ausdrücke verwenden, wenn sie noch üblich sind (der o. a. Begriff ist es!). Seien Sie sich aber darüber im klaren, daß es kein terminus technicus ist. Sie können deshalb das Sich-Berühmen und vergleichbare Wendungen ohne weiteres durch geläufigere ersetzen (etwa: „A meint, er sei Eigentümer" o. ä.).

b) *Begründetheit der Klage*
Das Eigentum des B an der Briefmarkensammlung wurde auf der Grundlage des § 1006 BGB bereits bejaht. Die Feststellungswiderklage ist also begründet.

Abwandlung

I. In der Abwandlung leugnet B den Herausgabeanspruch des A. Weil der Feststellungsantrag negativ gefaßt ist, spricht man von einer *negativen Feststellungsklage*. Ihre Zulässigkeit und Begründetheit bemißt sich an dem zur Feststellungswiderklage im Grundfall Gesagten – natürlich mit einer Ausnahme: die Feststellungsklage ist die Hauptklage, die besonderen Sachentscheidungsvoraussetzungen einer *Widerklage* sind *nicht* anzusprechen.

II. Problematisch wird es erst, wenn A die Widerklage erhebt. Zum einen ist hier wiederum an den Gesichtspunkt der anderweitigen Rechtshängigkeit zu denken, zum anderen wegen des Grundsatzes der Subsidiarität der Feststellungsklage an Fragen des Rechtsschutzbedürfnisses. Die Zweifel lassen sich wie folgt beseitigen:

1. Wegen des unterschiedlichen Rechtsschutzziels begründet die negative Feststellungsklage keine Rechtshängigkeitssperre für die Leistungsklage. Da aber die Leistungsklage des Widerklägers geeignet ist, den Rechtsstreit umfassender zu klären, entfällt nachträglich das Rechtsschutzbedürfnis für die Feststellungsklage[18].

---

[18] BGH JR 1974, 26 f; Zeiss, § 42 II 3 b bb; Thomas/Putzo, § 261 Anm. 4 c.

2. Bedenken gegen diese Auffassung hat BETTERMANN[19] vorgebracht. Sein Angriff richtet sich dagegen, daß bei zuerst erhobener negativer Feststellungsklage und nachfolgender Leistungsklage das Rechtsschutzbedürfnis für die Feststellungsklage entfallen, umgekehrt bei zunächst erhobener Leistungsklage der negativen Feststellungsklage der Einwand der Rechtshängigkeit entgegenstehen soll. Ausgehend von der Grundkonzeption, daß die Rechtshängigkeits- und Rechtskrafteinrede Urteilskollisionen zu verhindern habe, will BETTERMANN *in beiden Fällen* die *Zulässigkeit der später erhobenen Klage* an der anderweitigen Rechtshängigkeit scheitern lassen.

3. Folgt man der ersten Ansicht, so wird die Klage des B nachträglich unzulässig. Nur über die Leistungsklage des A wäre noch sachlich zu urteilen. Nach Auffassung BETTERMANNs wäre umgekehrt die Herausgabeklage wegen anderweitiger Rechtshängigkeit unzulässig.

Hier ist also zwischen zwei Ansichten eine Entscheidung zu treffen. Sie mag zugunsten der zweiten Auffassung ausfallen. Denn das Erfordernis des Rechtsschutzinteresses will dem Mißbrauch prozessualer Befugnisse vorbeugen[20]. Warum aber der Kläger *B sein* Klagerecht mißbrauchen soll, ist nicht einsichtig.

Unabhängig davon sollten Sie behutsam von Auffassungen Gebrauch machen, die nur ganz vereinzelt vertreten werden. (Das ist bei der oben angegebenen Ansicht nicht der Fall!) Meines Erachtens gibt es mindestens *einen* guten *Grund* dafür, *einer gefestigten Auffassung insbesondere in der höchstrichterlichen Rechtsprechung zu folgen*: während Ihrer Referendarausbildung, in der Ihre Kenntnisse des Zivilprozeßrechts vor allem gefragt sein werden, werden abgelegene Meinungen völlig in den Hintergrund gedrängt. (Ob das in jeder Hinsicht richtig ist, mag hier dahinstehen. Für ein solches Vorgehen spricht jedenfalls, daß Ihre Entscheidungen in der Praxis nicht aus dem Bemühen entstehen sollten, sich durch originelle Ergebnisse zu profilieren. Vielmehr sollten Sie darauf bedacht sein, die Parteien nicht mit Überraschungsentscheidungen zu konfrontieren. Zu dieser Kategorie gehören aber auch solche Erkenntnisse, mit denen von bisher durchweg vertretenen Positionen aus nicht zu rechnen war.)

---

[19] Rechtshängigkeit und Rechtsschutzform, 1949, S. 82ff; s. a. LÜKE, JuS 1969, 301 f.

[20] S. oben im 1. Abschn. S. 22.

6. Abschnitt

Die Rechtsmittel
Berufung (§§ 511 ff ZPO),
Revision (§§ 545 ff ZPO),
Beschwerde (§§ 567 ff ZPO).

I. Begriffliches

Unter einem *Rechtsbehelf* versteht man *allgemein* die Möglichkeit, gegen eine gerichtliche oder durch andere Staatsorgane getroffene Entscheidung vorzugehen. Innerhalb der Rechtsbehelfe sind zu unterscheiden:

1. Die Rechtsmittel

Im Zivilprozeß gehören zu ihnen die Berufung, die Revision und die Beschwerde. Alle drei Rechtsbehelfe sind *gekennzeichnet durch*

- den *Suspensiveffekt*,
- den *Devolutiveffekt*.

Diese Charakteristika des *Rechtsmittels* muß man begrifflich und inhaltlich parat haben. Ein Rechtsmittel zeichnet sich gegenüber anderen Rechtsbehelfen also dadurch aus, daß es den *Eintritt der formellen Rechtskraft hemmt* (Suspensiveffekt) und die *Entscheidungskompetenz* auf das *Gericht der nächsten Instanz* übergehen läßt (Devolutiveffekt).

Die Unterschiede der Rechtsmittel:

a) Durch die *Berufung* wird eine weitere Tatsacheninstanz eröffnet (§ 525 ZPO). Das erstinstanzliche Verfahren findet insoweit seine Fortsetzung, als die Parteien in bestimmtem Umfang neue Tatsachen und Beweismittel vorbringen können (§ 528 ZPO).

b) Aufgrund der *Revision* kann die angefochtene Entscheidung nur in rechtlicher Hinsicht überprüft werden (§ 549 ZPO).

c) Für die *Beschwerde* bestimmt § 570 ZPO, daß sie – wie die Berufung – auf neue Tatsachen und Beweise gestützt werden kann. Sie richtet sich durchweg gegen Beschlüsse (Berufung, Revision: gegen Urteile).

2. Sonstige Rechtsbehelfe

Bei ihnen fehlt es an mindestens einem der beiden Effekte. So mangelt es der Verfassungsbeschwerde (Art. 93 I Nr. 4a GG, §§ 90 ff BVerfGG) sowohl am Suspensiv- als auch am Devolutiveffekt. Keinen Devolutiveffekt haben der Einspruch gegen ein Versäumnisurteil (§ 342 ZPO) sowie gegen einen Vollstreckungsbescheid (§ 700 I ZPO) und die Vollstrekkungserinnerung nach § 766 ZPO[1].

3. Übersicht über den Instanzenzug

Vorab: Sie kennen den Begriff der *funktionellen Zuständigkeit*. Er hat eine doppelte Bedeutung. Denn mit der funktionellen Zuständigkeit ist sowohl die Verteilung der Aufgaben innerhalb eines Gerichts (etwa Aufgaben des Richters, Rechtspflegers, Urkundsbeamten der Geschäftsstelle) als auch die instanzielle Zuständigkeit gemeint. Das Landgericht ist also für die Berufung gegen ein Endurteil des Amtsgerichts *funktionell* zuständig.

Die Übersicht hier stellt die funktionelle (instanzielle) Zuständigkeit nur grob dar. Einzelheiten finden Sie in dem Überblick über die Gerichte in Zivilsachen[2].

a) **Anfechtung von Urteilen**

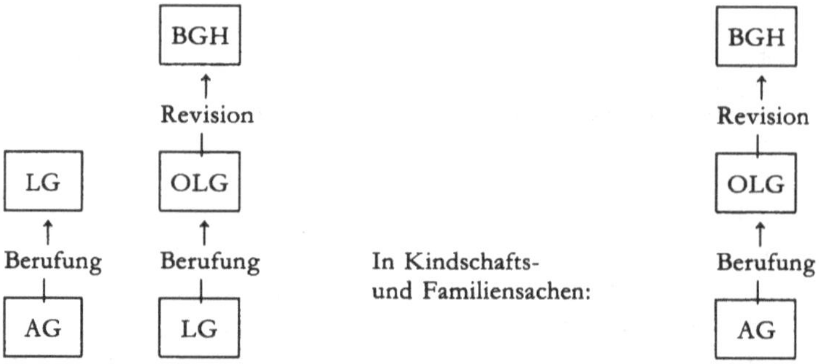

Zwei Besonderheiten in der Kette LG–OLG–BGH:

aa) Unter den Voraussetzungen des § 566 a ZPO kann gegen das landgerichtliche Urteil „Sprungrevision" eingelegt werden. Über sie entscheidet der BGH (§ 133 Nr. 1 GVG).

---

[1] Dazu unten im 7. Abschn., S. 98.

[2] S. oben S. 4/5.

bb) An die Stelle des BGH tritt in Bayern das *Bayerische Oberste Landesgericht* (BayObLG), wenn die Verletzung von Landesrecht gerügt wird. Die Grundlage dieser Regelung findet sich in § 8 EG GVG, einer Vorschrift mit „bayerischem Reservatrecht"[3], von der kein anderes Bundesland Gebrauch gemacht hat.

b) **Anfechtung von Beschlüssen**

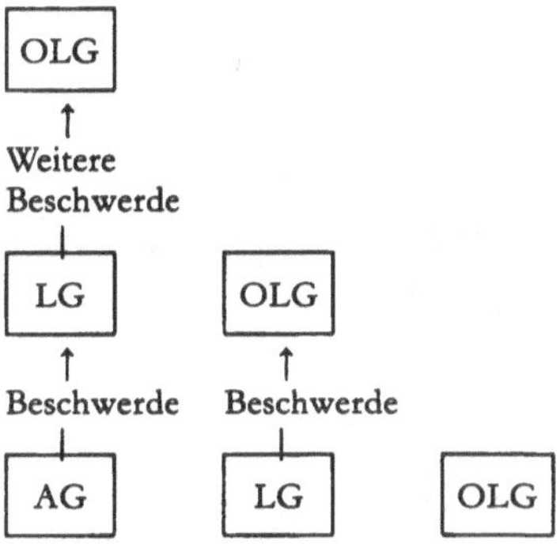

Wiederum *zwei Besonderheiten*:

aa) In der Kette AG—LG—OLG ist die weitere Beschwerde nur zulässig, wenn der Beschluß des LG einen neuen, selbständigen Beschwerdegrund enthält (§ 568 II ZPO).

bb) Gegen Beschlüsse des OLG (in 1. und 2. Instanz) nach §§ 519 b, 568 a ZPO (vgl. dort) gibt es u. U. die sofortige Beschwerde zum BGH (§ 133 Nr. 2 GVG).

II. Die Berufung (§§ 511 ff ZPO)

Ausgangsfall

Die Klägerin befand sich bei dem beklagten Zahnarzt in Behandlung, um sich eine Zahnbrücke einsetzen zu lassen. Dazu mußten die benachbarten Zähne abgeschliffen werden. Bei dieser Arbeit rutschte der Beklagte mit

[3] KERN, Gerichtsverfassungsrecht, § 27 V 1.

der ungesicherten Separierscheibe ab. Die rotierende Scheibe drang tief in die Zunge und den Mundboden der Klägerin ein. Sie war mehrere Wochen arbeitsunfähig krank. Erst nach einer Woche konnte sie wieder essen und trinken. Bis dahin hatte sie durch ein Glasröhrchen flüssige Nahrung zu sich genommen.

Die Klägerin hat gegen den Beklagten Klage mit dem Antrag erhoben, ihn zur Zahlung eines angemessenen Schmerzensgeldes zu verurteilen. Das LG hat auf ein Schmerzensgeld von 6000,– DM erkannt.

Dieser Betrag, so die Klägerin, entspreche nicht ihren Vorstellungen. Mit dieser Begründung legt sie gegen das Urteil des LG Berufung ein.

Mit Aussicht auf Erfolg?[4]

Lösung

Die Klägerin kann das Urteil des LG erfolgreich mit der Berufung angreifen, wenn diese zulässig und begründet ist.

1. Zulässigkeit der Berufung

Den Umfang der Zulässigkeitsprüfung bestimmt § 519 b ZPO. Danach gehört in ihren Rahmen die Feststellung der Statthaftigkeit, der Einhaltung von Form und Frist und die Beantwortung der Frage, ob die Berufung begründet ist.

Hier ist dreierlei bemerkenswert. Zum einen ist nach § 519 b ZPO die Statthaftigkeit der Berufung ein Aspekt der Zulässigkeit. Wenn Sie insbesondere in der Referendarzeit mit dem „Problem" konfrontiert werden, ob nun die Statthaftigkeit unter eigener Überschrift oder innerhalb der Zulässigkeit zu prüfen ist, sollten Sie also an § 519 b ZPO denken. – Zum anderen kann die Formulierung in § 519 b I 1 a. E. ZPO („prüfen, ob die Berufung ... begründet ist") Anlaß zu Mißverständnissen geben. Auch bei den Rechtsmitteln ist zwischen deren Zulässigkeit und Begründetheit zu differenzieren. Demgemäß ist die Prüfung der Begründetheit nicht Teil der Zulässigkeitsprüfung und ist nach § 519 b ZPO *nicht* die *Begründetheit, sondern* die *Begründung der Berufung* zu prüfen. Wenn die *Berufungsbegründungsschrift* (§ 519 ZPO) fehlt, ist danach die Berufung unzulässig. – Schließlich nennt § 519 b ZPO die Unzulässigkeitsfolge. Die Berufung ist *zu verwerfen*. Fehlt es hingegen an der Begründetheit, wird die Berufung *zurückgewiesen*. Verwechselungen der Begriffe sollten Sie vermeiden.

a) Statthaftigkeit

Ein Rechtsmittel ist statthaft, wenn es gegen diese Art der Entscheidung überhaupt vorgesehen ist[5].

---

[4] Fall nach LG Bielefeld, VersR 1974, 66.

[5] JAUERNIG, ZPR, § 72 IV.

Nach § 511 ZPO ist die Berufung das „richtige Rechtsmittel" gegen Endurteile des ersten Rechtszuges. Sie ist nach der Übersicht über den Instanzenzug (oben I. 3.) also statthaft, wenn ein AG oder in 1. Instanz ein LG entschieden hat.

So liegt es in unserem Fall, weil der Rechtsstreit beim LG begonnen hat.

b) Form, Frist

Die Berufungsschrift muß der in § 518 ZPO vorgeschriebnen Form genügen. Die Berufungsfrist beträgt einen Monat. Sie beginnt mit der Zustellung des vollständigen Urteils (§ 516 ZPO).

Innerhalb der Berufungsfrist braucht also nur die *Berufungsschrift* bei dem *Gericht 2. Instanz* einzugehen (§ 518 I ZPO). Es reicht der schlichte Satz, gegen das näher bezeichnete Urteil „wird Berufung eingelegt". Die — notwendige — Begründung kann in der Berufungs*begründungs*schrift nachfolgen (vgl. § 519 II 1 ZPO).

Welche Konsequenzen hat die Einordnung der Berufungsfrist als *Notfrist* (§ 516 ZPO)?

Der Gesetzgeber der ZPO hat einen Kunstgriff gewählt. Er hat manche Fristen als Notfristen bezeichnet — und nur die so bezeichneten Fristen *sind* auch Notfristen (223 III ZPO) — und sie besonderen Regelungen unterworfen. So ist bei ihrer Versäumung eine Wiedereinsetzung in den vorigen Stand möglich (§§ 233 ff ZPO), so können sie z. B. nicht verlängert werden (§ 224 I, II ZPO)[6].

Eine letzte Frage dazu: ist Ihnen klar, in welchem Zusammenhang die 5-Monats-Frist zu sehen ist, nach deren Ablauf die Frist zur Berufungseinlegung in jedem Fall beginnt (§ 516 a. E. ZPO)? — Die damit korrespondierende Vorschrift finden Sie in § 317 I 3 ZPO. Um den Parteien Zeit zu einer gütlichen Beilegung ihres Streits auch noch in diesem Stadium zu geben, kann die Zustellung eines Urteils um eben diese 5 Monate hinausgeschoben werden. Nach deren fruchtlosem Ablauf wird so oder so Klarheit geschaffen: nach Verstreichen eines weiteren Monats wird das Urteil formell rechtskräftig.

c) Berufungsbegründung

Den Inhalt der Berufungsbegründungsschrift regelt § 519 III ZPO.

Die Berufungsbegründungsfrist beträgt grundsätzlich einen Monat ab Einlegung der Berufung (§ 519 II 2 ZPO). Weil sie keine Notfrist ist, kann sie verlängert werden (§ 519 II 3 ZPO). Von dieser Möglichkeit wird in der Praxis oft Gebrauch gemacht.

d) Beschwer

Sie erinnern sich: um einen *Mißbrauch der Klage* zu verhindern, verlangt man als ungeschriebene Zulässigkeitsvoraussetzung ein Rechtsschutzinteresse des Klägers. Mehr noch als bei der erstmaligen Anrufung eines Gerichts ist aber ein Korrektiv

---

[6] Weitere Einzelheiten bei Zeiss, § 39 III 2 a.

erforderlich, wenn die Gerichte mit einem Rechtsstreit fortgesetzt „behelligt" werden sollen. Das gilt vor allem, wenn der *Kläger* ein Rechtsmittel einlegt. Er hat den Rechtsstreit angestrengt, über seinen Anspruch ist schon einmal – in der 1. Instanz – entschieden worden.

Dieser zu Lasten des Klägers gehende Aspekt gilt weniger, falls der Beklagte das erstinstanzliche Urteil überprüft sehen will. Er ist vielleicht unversehens mit einer Klage überzogen worden und hat die Arbeit der Gerichte nicht verursacht. Ihm mag man darum eher das Recht zubilligen, die Initiative zu ergreifen und ein Rechtsmittel einzulegen.

Zunächst zum Grundsatz. Die Zulässigkeit eines Rechtsmittels ist davon abhängig, daß der *Rechtsmittelkläger* ein *Rechtsschutzinteresse* hat. Es tritt hier in einer *besonderen Erscheinungsform*, der *Beschwer*, auf. Sie liegt vor, *wenn die angefochtene Entscheidung dem Rechtsmittelführer nachteilig ist.*

aa) Der *Kläger* ist beschwert, wenn der rechtskraftfähige Inhalt der Entscheidung hinter dem Klageantrag zurückbleibt.

Eine reine Rechenaufgabe, weil die Beschwer ganz formell durch Vergleich von Klage und Urteil ermittelt wird. Deswegen spricht man hier von *formeller Beschwer*. Hat also der Kläger 2000,– DM beantragt und hat ihm das Gericht nur 900,– DM zugesprochen, so ist der Kläger in Höhe von 1100,– DM beschwert.

bb) Ob *der Beklagte* der unteren Instanz durch das Urteil beschwert ist, kann nicht so leicht festgestellt werden. Denn der Beklagte braucht keinen (Klageabweisungs-)Antrag zu stellen[7]. Fehlt der Antrag, scheidet somit ein Vergleich mit dem Urteil von vornherein aus. Und: weil der Beklagte sich keinesfalls dem Vorwurf aussetzt, die Gerichte zum wiederholten Mal anzurufen, kann ihm die Einlegung eines Rechtsmittels guten Gewissens leichter gemacht werden als dem Kläger.

Deshalb ist der *Beklagte beschwert, wenn er in der Rechtsmittelinstanz ein günstigeres Urteil erreichen kann*[8].

Man kann es auch dahin ausdrücken, daß die *angefochtene Entscheidung* dem Beklagten *nachteilig* zu sein hat, um seine Beschwer bejahen zu können. Dieser Blick allein auf den Entscheidungsinhalt hat zu dem Begriff der *materiellen Beschwer* auf der Beklagtenseite geführt.

e) Zu unserem Fall:

Problematisch ist nur die Beschwer der Klägerin. Sie ist formell durch Vergleich von Klagebegehren und Urteilsinhalt zu bestimmen. Nur

---

[7] Selbst die Säumnis des Beklagten hat nicht notwendig seine Verurteilung zur Folge. S. oben im 13. Abschn. zum sog. unechten Versäumnisurteil (S. 49).

[8] BGH JZ 1953, 276; 1955, 423, 424; differenzierend ROSENBERG/SCHWAB, § 137 II 3c mwN.

soweit das Urteil hinter dem Antrag zurückbleibt, ist eine Beschwer feststellbar.

Hier ist eine Divergenz nicht feststellbar. Die Klägerin hat die Höhe des Schmerzensgeldbetrages in das Ermessen des Gerichts gestellt[9]. Folglich entspricht *jede* Ermessensentscheidung ihrem Antrag. Somit ist die Klägerin nicht beschwert.

Die Berufung der Klägerin ist daher unzulässig.

Die Behauptung, die Klägerin habe bei Klageeinreichung an einen höheren Betrag gedacht, reicht nicht aus, um eine Beschwer zu begründen. Die Vorstellungen der Klägerin haben nur den Charakter von Wünschen oder Hoffnungen ohne prozessuale Verbindlichkeit[10]. Demgemäß muß die Klägerin den Verlust ihrer Rechtsmittelmöglichkeit hinnehmen.

Anders wäre dies freilich, wenn die Klage insgesamt als unzulässig oder unbegründet abgewiesen worden wäre. Denn dann stände fest, daß das Gericht der 1. Instanz dem Begehren der Klägerin, die immerhin *etwas* wollte, nicht gerecht geworden ist[11].

So weit so gut. Es bleibt aber ein Rest von Unbehagen. Läßt man nämlich einen unbezifferten Zahlungsantrag zu, um dann die Tür zur Berufungsinstanz zuzuschlagen, gibt man dem Kläger Steine statt Brot. Er muß sich mit einem Betrag bescheiden, der eventuell nicht nur seinen Erwartungen nicht genügt, sondern auch objektiv viel zu niedrig angesetzt ist. Der Ausweg aus diesem Dilemma besteht darin, vom Kläger in dessen eigenem Interesse die Angabe zu verlangen, welcher Betrag ihm vorschwebt. Von dieser Basis aus ist dann ein Vergleich mit dem zuerkannten Schmerzensgeldbetrag und damit die Feststellung der Beschwer möglich[12].

Der Vollständigkeit halber wollen wir noch zwei Punkte ansprechen, die bei einer Berufung meist zu beachten sind.

f) Beschwerdewert

Das bloße Vorliegen einer Beschwer reicht aber für die Zulässigkeit einer Berufung nicht aus. Zusätzlich ist es notwendig, daß der Rechtsmittelführer sie im erforderlichen Umfang geltend macht. Der Beschwerdewert muß sich auf mehr als 700,– DM belaufen (§ 511 a ZPO).

---

[9] Das ist, wie wir oben im 1. Abschn., S. 20, gesehen haben, ausnahmsweise zulässig.

[10] BGH NJW 1982, 340, 341.

[11] Vgl. BGH, aaO.

[12] BGHZ 45, 91, 93 f

Vorsicht! Wenn Sie die Zulässigkeit einer *Klage* mit einem entsprechenden unbestimmten Schmerzensgeldantrag zu prüfen haben, muß Ihre Argumentation eine andere sein. Denn ein solcher Antrag ist bestimmt genug nur, wenn er die „ungefähre Größenordnung des Anspruchs" erkennen läßt (BGH NJW 1982, 340).

Unterliegt also ein Kläger mit seiner Leistungsklage in Höhe von 2000,– DM, so ist er dadurch in Höhe von 2000,– DM formell beschwert. Macht er aber in seinem Berufungsantrag nur noch 500,– DM geltend, so ist seine Berufung grundsätzlich[13] unzulässig, da der Beschwerdewert (auch „Erwachsenheitssumme", „Wert des Beschwerdegegenstandes") nicht erreicht ist.

2. Begründetheit der Berufung

Die *Berufung* ist *begründet, wenn die Klage zulässig und begründet ist.*

Sie sollten sich merken, daß bei der Prüfung von Rechtsmitteln strikt zwischen der Zulässigkeit hier der Berufung und der Zulässigkeit der Klage zu unterscheiden ist. Letzteres ist eine Frage der *Begründetheit der Berufung.*

Die Klägerin hatte dem Landgericht nur den anspruchsbegründenden Sachverhalt vorgetragen, die Höhe des Schmerzensgeldes aber in das Ermessen des Gerichts gestellt. Um dem Bestimmtheitsgebot des § 253 II Nr. 2 ZPO zu genügen, bedarf es jedoch zumindest der Angabe der ungefähren Größenordnung des Anspruchs[14]. Dies kann dadurch geschehen, daß ein Mindestbetrag angegeben oder ein gewisser Rahmen abgesteckt wird. – Diesen Anforderungen genügte die Klage nicht. Sie hätte schon vom Landgericht als unzulässig abgewiesen werden müssen. Danach wäre die Berufung auch unbegründet gewesen.

III. Die Revision (§§ 545 ff ZPO)

Ausgangsfall:

Der Kläger B wird im Berufungsverfahren vor dem OLG als Partei vernommen. Dabei leistet er einen Meineid. Nach Erlaß des dem B günstigen Berufungsurteils wird B aus § 154 StGB rechtskräftig zu einer Freiheitsstrafe verurteilt.

A legt nunmehr gegen das Urteil des OLG Revision ein und stützt sie auf die neue Tatsache der strafgerichtlichen Verurteilung des B. B meint, das sei unzulässig; nach § 561 I ZPO dürfe das Revisionsgericht neue Tatsachen bei seiner Entscheidung nicht berücksichtigen.

Ist die Revision des A erfolgreich?[15]

Lösung

1. Gemeinsamkeiten von Revision und Berufung

Die Berufung hat Modellcharakter für die Revision. Deshalb ist es folgerichtig, die Vorschriften des Berufungsverfahrens in weitem Um-

---

13 Ausnahme: § 513 II 2 ZPO.

14 S. oben Fn. 12.

15 Fall nach BGHZ 3, 65.

fang für in der Revisionsinstanz entsprechend anwendbar zu erklären (§ 566 ZPO).

Auch darüber hinaus finden sich Parallelen.

Zulässigkeit der Revision

Den Rahmen der Zulässigkeitsprüfung steckt § 554 a I ZPO ab. Er entspricht exakt der Regelung des § 519 b I ZPO. Dazu ist das Notwendige bereits gesagt[16].

a) Statthaftigkeit

Sie folgt aus § 545 ZPO. Danach ist die Revision grundsätzlich statthaft gegen Berufungsurteile des OLG. Der Rechtsstreit muß mit anderen Worten in 1. Instanz vom Landgericht entschieden worden sein.

Sehen Sie sich vorsichtshalber die Übersicht über den Instanzenzug (oben I. 3.) nochmals an. — Auf § 545 ZPO fußt der altbekannte Satz, wonach „sich über dem LG der blaue Himmel wölbt"; denn gegen ein *Berufungsurteil* des *LG* ist die Revision nicht statthaft[17].

b) Form, Frist

Der Inhalt der *Revisionsschrift* ist in § 553 ZPO geregelt, die einmonatige *Revisionsfrist* folgt aus § 552 ZPO. Auch insoweit findet sich im Vergleich zur Berufung nichts Neues.

c) Revisionsbegründung

Wieder ist eine *Begründung* des Rechtsmittels notwendig. Sie kann in einer Revisionsbegründungsschrift der Revisionsschrift nachfolgen, muß dann aber innerhalb eines Monats ab Einlegung der Revision beim BGH — dem Revisionsgericht — eingehen (§ 554 II ZPO).

2. Unterschiede zwischen Revision und Berufung

a) Zulässigkeitsprüfung

aa) Der *Inhalt der Revisionsbegründungsschrift* ist ein anderer als der der Berufungsbegründungsschrift (vgl. § 554 III Nr. 2, 3 ZPO einerseits, § 519 III Nr. 2 ZPO andererseits). Hier macht sich der grundsätzliche Unterschied zwischen Berufung und Revision, der namentlich in der

---

16 S. oben II. 1. in diesem Abschn. S. 84.

17 Genau genommen ist der Satz unvollständig. Denn ein erstinstanzliches Urteil des LG unterliegt der Berufung, insoweit kann also vom „blauen Himmel" keine Rede sein. In der vollständigen Fassung („über den LG *als 2. Instanz* wölbt sich der blaue Himmel") ist dieser „Merksatz" aber so umständlich, daß man sich die schlichte Regelung des § 545 ZPO besser einprägen kann!

Begründetheitsprüfung zu beachten ist, schon bemerkbar: die Berufungsinstanz ist eine weitere Tatsacheninstanz, die Revisionsinstanz ist prinzipiell nur noch Rechtsinstanz; die *tatsächliche Grundlage* der rechtlichen Würdigung darf das Revisionsgericht *nicht* nachprüfen.

bb) *Beschwer, Wert der Beschwer*

Zur Beantwortung der Frage, ob der Revisionskläger beschwert ist, kann wiederum auf das zur Berufung Ausgeführte verwiesen werden[18].

Anders als bei der Berufung ist *hier* aber nicht der Wert des Beschwerdegegenstandes, sondern der *Wert der Beschwer* entscheidend.

Damit sind wir zugleich bei einem Problem angelangt, das fremde Rechtsordnungen anders regeln[19]. Es besteht darin, einer Überbelastung des Revisionsgerichts entgegenzuwirken. Die ZPO (§ 546) strebt dieses Ziel an, indem sie die Revisionsmöglichkeiten einschränkt, also Zulässigkeitshürden aufbaut.

(1.) In *vermögensrechtlichen Streitigkeiten* ist die Revision zulässig, wenn der Wert der Beschwer 40000,– DM übersteigt[20].

(2.) In *anderen Streitigkeiten* (vermögensrechtliche mit einer Beschwer von nicht mehr als 40000,– DM; *nicht*vermögensrechtliche Streitigkeiten) ist die Revision zulässig, wenn

- das OLG die *Revision zuläßt,*
- soweit das OLG *die Berufung als unzulässig verworfen hat* (§ 547 ZPO), also gar nicht zur Sachprüfung vorgedrungen ist.

Der Wert der Beschwer in vermögensrechtlichen Streitigkeiten ist danach ein zentraler Aspekt. Er wird vom OLG geprüft. Denn das *OLG* muß sich darüber klar werden, ob eine Zulassung überhaupt notwendig ist oder ob die 40000,– DM-Grenze überschritten ist. Folglich kann nicht abgewartet werden, bis der Wert des Beschwerdegegenstandes feststeht. Denn er ergibt sich erst aus den Anträgen des Revisionsklägers. – Also nochmals zur Terminologie: die *betragsmäßig festgestellte Benachteiligung* durch das angefochtene Urteil ist der „*Wert der Beschwer*"; *soweit der Rechtsmittelkläger* seine Beschwer geltend macht, soweit er mithin *das*

---

18 S. oben II. 1. d) in diesem Abschn., S. 85.

19 Dazu SCHLOSSER, ZPR I, Rdn. 393.

20 Allerdings besteht nach § 554b ZPO für das Revisionsgericht die Möglichkeit, die Annahme der Revision abzulehnen, wenn die Rechtssache keine grundsätzliche Bedeutung hat. Entgegen dem Wortlaut darf das Revisionsgericht von dieser Befugnis jedoch dann keinen Gebrauch machen, wenn die Revision im Ergebnis erfolgversprechend erscheint – auch wenn *keine* grundsätzliche Bedeutung vorhanden ist (BVerfG NJW 1981, 39, 40).

nachteilige Urteil anficht, handelt es sich um den „*Wert des Beschwerdegegenstandes*".

cc) *Unser Fall* wirft insoweit keine Probleme auf. Sie hätten darum von der Zulässigkeit der Revision ausgehen können.

Hier allerdings erscheint mir der Rat, Unproblematisches gar nicht zu erwähnen, verfehlt. Weil die Revision diese Besonderheiten gegenüber der Berufung aufweist, erwartet man erfahrungsgemäß wenigstens einen kurzen Hinweis – mehr ist angesichts des nichtssagenden Sachverhalts ohnehin nicht möglich. Sie sollten deshalb expressis verbis unterstellen, daß die Beschwer hoch genug ist oder das OLG die Revision zugelassen hat.

b) Begründetheitsprüfung

Ist die Revision zulässig eingelegt, prüft das Revisionsgericht im Rahmen der gestellten Anträge (§ 559 ZPO) die Begründetheit der Revision.

Die Revision ist begründet, wenn

- sie auf die Verletzung revisiblen Rechts gestützt ist,
- wenn die gerügte Rechtsverletzung besteht,
- wenn das angefochtene Urteil auf der Rechtsverletzung beruht

} § 549 ZPO

und

- sich nicht aus anderen Gründen als richtig erweist (§ 563 ZPO)[21].

aa) Die Begründetheitsprüfung beschränkt sich also auf diese Feststellungen. Eine Überprüfung der Tatsachen, die subsumiert werden sollen, findet somit grundsätzlich nicht statt (vgl. § 561 II ZPO).

Was aber ist Bundes*recht*, was eine *Vorschrift* im Sinne von § 549 ZPO? Die Antwort: *jede Rechtsnorm*, also auch Rechtsverordnungen und Gewohnheitsrecht.

Zur Begründung dieses Ergebnisses stehen zwei Wege zur Verfügung. Entweder begnügt man sich mit § 549 ZPO, wo von „Recht", also der Gesamtheit der staatlichen Zwangsordnung die Rede ist. Oder man versteht „Recht", „Vorschrift" unter Zuhilfenahme von *§ 550 ZPO* als Gesetz, umreißt diesen Begriff dann aber durch Heranziehung des *§ 12 EG ZPO*. Danach ist Gesetz jede Rechtsnorm[22].

Darüber hinaus ist Kausalität zwischen der Rechtsverletzung und der fehlerhaften Entscheidung erforderlich; diese muß auf der Rechtsverletzung „beruhen" (§ 549 I ZPO).

Die Fälle des *§ 551 ZPO* werden vom Gesetz als so schwerwiegend angesehen, daß die Kausalität der Gesetzesverletzung dort unwiderleglich vermutet wird. Bei

---

[21] Rosenberg/Schwab, § 147 II 1.

[22] Im ersteren Sinne Zeiss, § 83 VII B 1; im zweiten Sinne etwa Thomas/Putzo, § 549 Anm. 1 b, 2.

den angeführten groben Verfahrensfehlern spricht man deshalb von *absoluten Revisionsgründen.*

Im übrigen ist ein Verstoß gegen materielles Recht ebenso denkbar wie die Verletzung einer Verfahrensvorschrift.

bb) Der Begründetheitsprüfung darf grundsätzlich nur das Parteivorbringen zugrunde gelegt werden, das aus dem Tatbestand des Berufungsurteils oder dem Sitzungsprotokoll ersichtlich ist. Auch von anderen tatsächlichen Feststellungen des Berufungsgerichts kann grundsätzlich nicht abgewichen werden (§ 561 II ZPO).

Diese Beschränkung auf den bisherigen Tatsachenvortrag bedeutet, daß neues Parteivorbringen und neue Beweismittel ausgeschlossen sind, auch wenn die Tatsache erst nach der letzten mündlichen Verhandlung in der Berufungsinstanz entstanden ist und somit dort nicht vorgebracht werden konnte. Damit soll die Revisionsinstanz von Tatsachenfeststellungen freigehalten werden, um die rechtliche Nachprüfung schnell und ungehindert vollziehen zu können.

Von dieser *Beschränkung auf den „alten" Tatsachenstoff* werden jedoch *Ausnahmen* gemacht:

(1.) Nach § 561 I 2 ZPO können neue Tatsachen vorgebracht werden, die *zur Begründung einer Verfahrensrüge* dienen. Diese Ausnahme wurde durch die Regelung des § 554 III Nr. 3 b ZPO erforderlich.

(2.) Nach Erlaß des Berufungsurteils eingetretene Tatsachen sind zu berücksichtigen, wenn sie vom Revisionsgericht von Amts wegen zu beachten sind.

Wir haben die Prüfung von Amts wegen kennengelernt bei den Zulässigkeitsvoraussetzungen der Klage[23]. Dahinter steckt der Gedanke, daß sich ein Gericht nur dann inhaltlich mit einer Streitigkeit befassen *soll*, wenn es sich damit aufgrund des aufgeklärten Sachverhalts befassen *darf*. Dieser Aspekt gilt in allen Instanzen.

Daraus folgt, daß neue Tatsachen *zur Zulässigkeit von Klage, Berufung und Revision* auch noch in der 3. Instanz zu beachten sind.[24]

(3.) Bis hierher kann die Tatsache, daß B einen Meineid geleistet hat, im Revisionsverfahren nicht berücksichtigt werden. Da A sonst nichts

---

[23] S. oben im 3. Abschn. S. 47.

[24] Sind neue Tatsachen nicht beweisbedürftig (z. B. weil die andere Partei sie nicht bestritten hat [s. oben im 4. Abschn. S. 60]), so erwächst dem Revisionsgericht von daher keine Mehrarbeit. Andererseits können diese Tatsachen die rechtliche Prüfung in eine ganz andere Richtung lenken und zusätzliche Erwägungen notwendig machen. Weil man die Zulassung solcher neuen Tatsachen demgemäß von dieser oder jener Seite betrachten kann, sind die Stellungnahmen hierzu kontrovers. Lesen Sie der Vollständigkeit halber ROSENBERG/SCHWAB, § 146 II 3 g, h.

vorbringt, was zur Aufhebung des Berunfungsurteils führen könnte, müßte die Revision des A zurückgewiesen werden.

Wahrscheinlich rebelliert jetzt Ihr Rechtsgefühl. Man ist nicht bereit hinzunehmen, daß B aufgrund seines Meineids den Prozeß gegen A unwiderruflich gewonnen hat. Dem trägt die ZPO Rechnung, indem sie in solchen Fällen die Wiederaufnahme eines rechtskräftig abgeschlossenen Verfahrens zuläßt. Das Mittel dazu ist die Restitutionsklage (§§ 578 I, 580 Nr. 1 ZPO). — *Nach* der Zurückweisung seiner Revision könnte A also das Urteil aus der Welt schaffen. Die Frage liegt auf der Hand: warum soll das Urteil dann erst in die Welt gesetzt werden? Sollte man — anders gefragt — zur Vermeidung unnötiger Umständlichkeiten nicht schon in der Revisionsinstanz neue Tatsachen berücksichtigen, die einen Wiederaufnahmegrund nach § 580 Nr. 1—7 ZPO ergeben?[25] Die *Frage* stellen heißt sie *bejahen*[26].

Soweit die Restitutionsgründe des § 580 ZPO auf einer strafbaren Handlung beruhen (Nr. 1—5; hier Nr. 1), ist für die Berücksichtigung dieser Tatsachen im Rahmen der Revision zusätzlich eine rechtskräftige Verurteilung zu fordern[27]. Denn die Restitutionsgründe könnten auch im Wiederaufnahmeverfahren nur unter dieser Voraussetzung Beachtung finden (§ 581 ZPO). Da bei der Zulassung der neuen Tatsachen das Revisionsgericht in bestimmtem Umfang die Funktion des Gerichts im Wiederaufnahmeverfahren übernimmt, ist es nur folgerichtig, § 581 ZPO auch in diesem Zusammenhang zu beachten.

Hier ist folglich die Straftat des B nach dessen rechtskräftiger Verurteilung auch noch in der Revisionsinstanz zu berücksichtigen.

Da ein Eid wegen der Strafdrohung des § 154 StGB im Rahmen der Beweiswürdigung in der Regel eine nicht unerhebliche Rolle spielt, kann zudem nicht ausgeschlossen werden, daß das Berufungsurteil nur aufgrund des Meineids des B zu dessen Gunsten ausgefallen ist.

Ein (relativer) Revisionsgrund liegt damit vor.

c) Das weitere Verfahren

Das *Revisionsgericht* wird prüfen, ob die zugelassenen neuen Tatsachen geeignet sind, eine Restitutionsklage zu begründen. Wird dies bejaht, hat das Revisionsgericht die Entscheidung des Berufungsgerichts aufzu-

---

[25] Für die Nichtigkeitsklage (§ 579 ZPO) stellt sich diese Frage nicht. Die in § 579 ZPO aufgezählten Wiederaufnahmegründe sind im Katalog des §551 ZPO enthalten, sind also ohnehin Revisionsgründe.

[26] Ebenso im Ergebnis BGHZ 3, 65, 67f; ROSENBERG/SCHWAB, § 146 II 3f; ZEISS, § 83 VII A 3c. Einschränkend BGHZ 18, 59 für den Wiederaufnahmegrund des § 580 Nr. 7b ZPO.

[27] BGHZ 5, 299.

heben und den Rechtsstreit zur erneuten Verhandlung an die Berufungsinstanz, also an das OLG, zurückzuverweisen (§§ 564, 565 ZPO). Das *OLG* prüft dann, ob aufgrund der neuen Tatsachen eine andere Entscheidung zu fällen ist, und erläßt gegebenenfalls ein dahingehendes Urteil.

In diesem Zusammenhang ist zu beachten, daß die Zivilgerichte (hier das Oberlandesgericht, an das zurückverwiesen wird) nach § 14 II Nr. 1 EG ZPO nicht an das strafgerichtliche Urteil gebunden sind[28]. Die Regelung des § 581 ZPO ist deshalb dahingehend zu verstehen, daß das Vorliegen eines rechtskräftigen Strafurteils nur eine Zulässigkeitsvoraussetzung der Restitutionsklage darstellt. Weitergehende Wirkungen entfaltet das Strafurteil nicht[29].

3. **Ergebnis:** Die Revision des A ist erfolgreich.

IV. Die Beschwerde (§§ 567 ff ZPO)

Ausgangsfall:

Am 13. 10. 1984 reicht A eine Zahlungsklage gegen B beim Landgericht ein. Der Vorsitzende der zuständigen Kammer teilt dem Kläger mit Verfügung vom 15. 10. 1984 mit, daß die Klage dem B zugestellt werde. Eine weitere Bearbeitung sei aber derzeit nicht möglich.

Das diesbezügliche Schreiben lautet:

„Sehr geehrter Empfänger!
In pp. wird die Zustellung der Klage mit gleicher Post veranlaßt. Die weitere Bearbeitung der Sache ist zur Zeit nicht möglich. Die Kammer ist überlastet, da das LG nicht genug Richter zur Verfügung hat. Eingehende Sachen müssen notgedrungen auf eine Warteliste gesetzt und in der Reihenfolge ihres Eingangs nach und nach abgerufen werden. Ich bedauere, Ihnen vorläufig keinen anderen Bescheid erteilen zu können und muß Sie darüber hinaus bitten, bis auf weiteres von der Einreichung von Eingaben und Schriftsätzen abzusehen, um vermeidbaren Schriftwechsel und zusätzliche Arbeit zu ersparen. Voraussichtlich wird Ihre Sache in 4 Monaten der Bearbeitung zugeführt werden können."

Dagegen legt A Beschwerde ein.

Mit Aussicht auf Erfolg?[30]

---

[28] BGH NJW 1983, 230.
[29] BGH, aaO., m. zahlr. Nachw.
[30] Fall nach OLG Schleswig, NJW 1981, 691.

Lösung

1. Gemeinsamkeiten, Unterschiede im Beschwerde- und Berufungsverfahren

a) Die Beschwerde ist der Berufung weitgehend angeglichen. Auch die Beschwerde ist ein Rechtsmittel, auch im Beschwerdeverfahren können neue Tatsachen und Beweise vorgebracht werden (§ 570 ZPO).

b) Die Unterschiede zwischen Beschwerde und Berufung sind im einzelnen:

aa) Die Beschwerde dient zur *Anfechtung* von weniger wichtigen Entscheidungen. Sie ergehen regelmäßig in der Form *von Beschlüssen und Verfügungen.*

bb) *Statthaft* ist die Beschwerde

- nach *§ 567 I ZPO,* wenn das Gesetz die Beschwerde ausdrücklich vorsieht (z. B. §§ 91 a II 1, 135 III, 252, 793 ZPO),
- ebenfalls nach *§ 567 I ZPO* gegen eine Entscheidung, die ohne mündliche Verhandlung ergehen konnte und „durch die ein das Verfahren betreffendes Gesuch zurückgewiesen ist" (vgl. z. B. § 519 b II ZPO),
- gegen eine Entscheidung, der es nach Art, Inhalt, Zuständigkeit oder Verfahren an jeder gesetzlichen Grundlage fehlt. Man spricht von *„greifbarer Gesetzwidrigkeit"*[31].

Hier könnte in dem Schreiben die Zurückweisung eines Antrags auf Terminsbestimmung, eines „das Verfahren betreffenden Gesuchs" zu sehen sein. Eine solche Betrachtung ist aber bedenklich. Denn auf eine Klage braucht das Gericht nicht mit einer sofortigen Terminsbestimmung zu reagieren. Vielmehr kann es stattdessen ein schriftliches Vorverfahren anordnen (§ 276 ZPO). Hinzu kommt, daß die Bestimmung eines Termins von Amts wegen zu erfolgen hat. Somit ist ein entsprechender Antrag unnötig. In der Klage ist er auch deswegen nicht enthalten.

Wird demnach ein Terminsantrag *nicht abgelehnt,* sondern nur die Terminierung zu einem späteren Zeitpunkt in Aussicht gestellt, so kommt diese Verzögerung des Verfahrensganges einer Aussetzung des Verfahrens nahe. Eine solche Maßnahme ist darum in *entsprechender Anwendung des § 252 ZPO* der Beschwerde zu unterwerfen.
Die Beschwerde ist also statthaft[32].

Allerdings ist die Beschwerde nicht nur in vielen Fällen ausdrücklich zugelassen. Vielmehr gibt es auch zahlreiche *Vorschriften, die eine Be-*

---

[31] THOMAS/PUTZO, § 567 Anm. 4.

[32] OLG Schleswig, aaO. (im Ausgangsfall); BAUMBACH/LAUTERBACH/ALBERS/HARTMANN, § 216 Anm. 2 E m. Nachw.; *a. A.* VGH Mannheim, NJW 1984, 993.

schwerde, die unter dem Blickwinkel des § 567 I ZPO statthaft wäre, *ausschließen*. Zu nennen sind z. B. die §§ 127 II 1, 227 II 3 ZPO. Zudem nimmt § 567 III ZPO nahezu allen Entscheidungen der Oberlandesgerichte die Beschwerdefähigkeit[33].

cc) Anders als die Berufung, die ausnahmslos fristgebunden ist, gibt es für die Beschwerde grundsätzlich *keine Befristung*. Mit der deshalb sog. *einfachen Beschwerde* kann gegen eine Entscheidung also noch nach Jahren vorgegangen werden. Das verwundert nur auf den ersten Blick. Denn die Verzögerung der Beschwerde geht meistens allein zu Lasten des Beschwerdeberechtigten. Läßt in unserem Fall der Kläger die Sache auf sich beruhen, so bleibt es bei der späten Terminierung.

Daneben gibt es Fälle, in denen Rechtsunsicherheiten nicht hingenommen werden. Nehmen wir beispielsweise § 91 a ZPO, die Entscheidung nach übereinstimmenden Erledigungserklärungen. Der Beschluß hier beendet das Verfahren auch im Kostenpunkt; deshalb sollte nach kurzer Zeit klar sein, ob die Parteien ihren alten Streit – wenn auch nur im Rahmen der Kostenentscheidung – wieder aufrollen. Folglich ist die Beschwerde „sofort" einzulegen. Was das bedeutet, sagt § 577 II 1 ZPO. Die *sofortige Beschwerde* ist in einer *Notfrist*[34] von zwei Wochen einzulegen[35].

2. Begründetheit der Beschwerde

Die Beschwerde ist begründet, wenn die angefochtene Entscheidung fehlerhaft ist.

Im Ausgangsfall hat das OLG einen Fehler verneint, weil die Entscheidung von sachlichen Gründen getragen sei. Wegen der Überlastung der Zivilkammer müßte die Partei es hinnehmen, daß die Klage zunächst auf eine Warteliste gesetzt werde. – Das erscheint falsch. Denn die ZPO bietet Handhaben, der Überlastung des Gerichts Rechnung zu tragen, ohne daß das Gericht schlicht untätig bleibt[36]. So könnte z. B. ein schriftliches Vorverfahren angeordnet und der Haupttermin entsprechend weiträumig anberaumt werden. Dann hätten die Parteien zumindest die Möglichkeit, vorbereitende Schriftsätze einzureichen und damit das Verfahren zu fördern.

Die zulässige Beschwerde des A wäre daher auch begründet[37].

---

[33] Weitere Fälle bei Zeiss, § 84 II 2.

[34] Dazu oben S. 85.

[35] Instruktiv zum Ganzen Schlosser, ZPR I, Rdn. 397.

[36] Im einzelnen OLG Schleswig, NJW 1982, 246.

[37] So auch OLG Schleswig, aaO. Diese Entscheidung stammt vom 1. Zivilsenat des OLG. Der Ausgangsfall ist – anders – vom 3. Zivilsenat entschieden worden.

7. Abschnitt

Zwangsvollstreckungsrecht

Voraussetzungen der Zwangsvollstreckung
Rechtsbehelfe in der Zwangsvollstreckung:
- Erinnerung (§ 766 ZPO),
- sofortige Beschwerde (§ 793 ZPO),
- „Rechtspflegeerinnerung" (§ 11 RPflG),
- Vollstreckungsgegenklage (§ 767 ZPO),
- Drittwiderspruchsklage (§ 771 ZPO).

Ausgangsfall („Ländliche Zwistigkeiten")

G hat ein rechtskräftiges Zahlungsurteil über 12000,- DM gegen S erstritten. S ist Bauer; in seiner Scheune steht unter anderem ein Traktor, den S auf Feld und Weide einsetzt. – Diesen Traktor pfändet der Gerichtsvollzieher „im Auftrag" des G.

S möchte sich gegen die Pfändung wehren; dasselbe will H, zu dessen Gunsten das Grundstück des S mit einer Hypothek belastet ist.

Lösung

I. Zum Aufbau

Es liegt auf der Hand, daß die *Lösung* zu *untergliedern* ist, da sich zwei Personen gegen die Pfändung wehren wollen. Schon auf den ersten Blick drängen sich Differenzierungen geradezu auf, weil die Stellung von S und H in der Zwangsvollstreckung unterschiedlich ist: S ist Schuldner, H dagegen Dritter, dessen Rechte jedoch möglicherweise durch die Zwangsvollstreckung betroffen sind.

Grundsätzlich bleibt es in solchen Fällen gleich, ob man mit den Rechtsbehelfen des Schuldners oder des Dritten beginnt. Wegen der Fragestellung liegt es jedoch nahe, zuerst die Möglichkeiten des S zu prüfen.
Sie sollten sich auch insoweit von der Vorstellung frei machen, der Aufgabensteller wolle Sie aufs Glatteis führen. Anderslautende Auskünfte Ihrer Kommilitonen, Parolen, wonach etwa der eine oder andere Prüfer im mündlichen Teil des Examens „ein ganz scharfer Prüfer" sei, der zudem (!) schlecht bewerte, sind zumeist falsch. Sie beruhen in aller Regel darauf, daß Ihr Informant selbst schlecht abgeschnitten hat und die Schuld dafür nicht bei sich sucht. So wie manche Rechtsanwälte einen verlorenen Prozeß gegenüber ihrem Mandanten mit vermeintlicher Unkenntnis des Gerichts zu begründen suchen, so ist es hier eben der Prüfer, der angeblich lichtvolle Ausführungen nicht verstanden hat oder dem

Kandidaten von vornherein nur Böses wollte. Nochmals: nach meiner Erfahrung wird die Einschätzung eines Prüfers durch den Prüfling regelmäßig entscheidend beeinflußt von der Note, die man bei ihm erzielt hat.

Zwei Beispiele können Sie vielleicht überzeugen. Vor meinem zweiten Staatsexamen grassierte die Furcht vor einem Prüfer, der als „Kopf-ab-..." (folgt der Name) bekannt war. Bei näherer Betrachtung mußte eigentlich auffallen, daß ein einzelner Prüfer nur geringen Einfluß auf die Gesamtnote, also auf Bestehen oder Nichtbestehen hat. Im mündlichen Teil meines Assessorenexamens wurde ich dann zwar nicht mit diesem, wohl aber mit einem Prüfer konfrontiert, dem in der Sache derselbe Ruf vorausging. Er erwies sich als „harmlos". Besah man sich die Prüferprotokolle genauer, so fiel auf, daß der Betreffende nur von den Prüflingen mit den schlechten Examens-Ergebnissen als „unangenehm", „ironisch" usw. eingestuft wurde.

Quintessenz: die Beurteilung eines Prüfers/Dozenten durch Ihre Vorgänger sollte Sie nicht beeinflussen. — Für unseren (und jeden anderen) Fall bedeutet das, daß Sie Hilfen wie z. B. Vorgaben durch die Fragestellung annehmen sollten: *weichen Sie bei der Lösung nicht ohne triftigen Grund von der Reihenfolge der Fragen ab.*

Die Schritte zur Lösung bestehen darin zu fragen, was S und H erreichen wollen, wenn sie sich gegen die Pfändung „wehren" möchten, welche Rechtsbehelfe mit diesem Ziel es gibt und welche davon für S und H in Frage kommen.

Verschaffen wir uns zunächst einen Überblick über die Abschnitte 1 bis 4 des 8. Buches der ZPO. Die sogleich abgedruckte Übersicht zeigt Ihnen, daß innerhalb der „Allgemeinen Vorschriften über die Zwangsvollstreckung" (§§ 704—802 ZPO) die Rechtsbehelfe zu suchen sind, die für sämtliche Vollstreckungsarten gelten. Sie benennt auch für jede Vollstreckungsart das jeweils zuständige *Vollstreckungsorgan.*

II. Rechtsbehelfe des S

S will sich gegen die Pfändung wehren. Er möchte also, daß eine Zwangsvollstreckung in den Traktor im Wege der Pfändung und anschließenden Verwertung unterbleibt. Das kann er dadurch erreichen, daß die Zwangsvollstreckung in den betreffenden Gegenstand für unzulässig erklärt wird.

Die ZPO bietet dafür allgemein *drei Möglichkeiten*:

1. Die Vollstreckungserinnerung nach § 766 ZPO und die sofortige Beschwerde nach § 793 ZPO.

Erinnerung und Beschwerde dienen dazu, Verfahrensfehler eines Vollstreckungsorgans zu rügen. Dabei findet die Erinnerung nach § 766 ZPO gegen *Maßnahmen* eines Vollstreckungsorgans statt. Gegen *Entscheidungen* geht man mit der sofortigen Beschwerde nach § 793 ZPO vor.

Allgemeine Vorschriften über die Zwangsvollstreckung (ZV): §§ 704–802

- *ZV wegen Geldforderungen*
  - (– Bei ZV gegen den Bund oder ein Bundesland: § 882 a; wegen ZV gegen eine Gemeinde oder einen Gemeindeverband: § 15 Nr. 3 EG ZPO –)
  - *Objekt der ZV*
    - *Bewegliches Vermögen*
      - Allgemeine Vorschriften §§ 803–807, 899–915
      - *ZV in Sachen* (vgl. § 90 BGB): §§ 808–827, *831*
        - **-Gerichtsvollzieher-**
      - *ZV in sonstige Gegenstände*
        - *Forderungen:* §§ 828–856, nicht: § 831
          - **-Vollstreckungsgericht-**
        - *Andere Vermögensrechte:* §§ 857–863
          - **Vollstreckungsgericht-**
    - *Unbewegliches Vermögen*
      - §§ 864–871
      - **-Grundbuchamt-** (§§ 866, 867 ZPO),
      - **-Vollstreckungsgericht-** (§§ 866,869 ZPO; § 1 ZVG)
- *ZV wegen sonstiger Ansprüche*, die gerichtet sind auf:
  - Herausgabe u. Leistung von Sachen: §§ 883–886, 899–915 (nicht: §§ 903, 914)
    - **-Gerichtsvollzieher-**
  - Vornahme von Handlungen
    - vertretbare H.: §§ 887, 891–893
      - **-Prozeßgericht-**
    - unvertretbare H.: §§ 888, 889, 891–893
      - **-Prozeßgericht-**
  - Unterlassung und Duldung: §§ 890–893
    - **-Prozeßgericht-**
  - Abgabe von Willenserklärungen: §§ 894–898
    - **-Fiktion des § 894 ZPO-**

Das ist die *Einteilung der ZPO.* Sie ist freilich nicht mehr ausreichend. Denn eines der vier Vollstreckungsorgane ist, wie Sie der Übersicht entnehmen, das Vollstreckungsgericht. Das ist nach § 764 I ZPO das Amtsgericht. Dort ist nicht der Richter, sondern der *Rechtspfleger funktionell zuständig* (§§ 3 Nr. 3a, 20 Nr. 17 RPflG). Das Rechtspflegergesetz, das in seiner jetzigen Fassung aus dem Jahre 1969 stammt und damit fast 100 Jahre jünger ist als die ZPO, sieht nun aber mit der *„Rechtspflegererinnerung" (§ 11 RPflG)* einen besonderen Rechtsbehelf vor. Damit taucht zwangsläufig die Frage nach dem Verhältnis von § 11 RPflG zu den §§ 766, 793 ZPO auf.

Sie wird weitgehend so beantwortet: Gegen Vollstreckungs*maßnahmen* findet die *Erinnerung nach § 766 ZPO* auch dann statt, wenn sie vom Rechtspfleger stammen. — Gegen *Entscheidungen* im Zwangsvollstreckungsverfahren ist im Wege der *Rechtspflegererinnerung* nach § 11 II S. 2–5 RPflG vorzugehen.[1]

Wie unterscheidet sich nun eine Vollstreckungs*maßnahme* von einer *Entscheidung* in der Zwangsvollstreckung? Die gängige Abgrenzung wird gleichsam punktuell von der „Entscheidung" her vorgenommen. Danach liegt eine Entscheidung vor, wenn ein *Antrag zurückgewiesen* oder *nach Anhörung des Antragsgegners* erlassen wird[2]. Im übrigen handelt es sich um *Maßnahmen* in der Zwangsvollstreckung.

Alles dies nachvollziehen zu können, verlangt eine gehörige Portion praktischen Verständnisses. Es handelt sich hier deshalb um Probleme, mit denen Sie vor allem in der Referendarzeit konfrontiert werden.

2. Die Vollstreckungsgegenklage nach § 767 ZPO

Mit ihr, die *auch Vollstreckungsabwehrklage* genannt wird, kann der Schuldner Einwendungen gegen den Titel erheben; er macht, kurz gesagt, geltend, z. B. das Urteil sei falsch, weil der materiellrechtliche Anspruch mittlerweile erloschen sei. — Mit dieser Begründung wollen sich weder S noch H gegen die Pfändung wehren. *Hier* kommt eine Vollstreckungsgegenklage deshalb nicht in Betracht.

Dennoch sollen kurz *Voraussetzungen und Problempunkte der Vollstreckungsgegenklage* dargestellt werden, die man sich, gerade im Hinblick auf das Examen, unbedingt einprägen sollte.

a) *Zulässigkeit der Vollstreckungsgegenklage*

aa) Die Vollstreckungsgegenklage muß *statthaft* sein, d. h. der Antrag muß darauf gerichtet sein, die Zwangsvollstreckung aus einem (genau bezeichneten) wirksa-

---

1 Nachw. bei Stein/Jonas/Münzberg, § 766 Rdn. 3 ff; Zöller/Stöber, § 766 Rdn. 3; Schlosser, ZPR II, Rdn. 131, 132.

2 Zöller/Stöber, § 766 Rdn. 2, 3. Weil man dem Rechtspfleger auch bei einer Erinnerung nach § 766 ZPO gegen seine Maßnahme eine Abhilfemöglichkeit einräumt (vgl. § 11 II 1 RPflG), die Abhilfe aber nur *nach Anhörung des Erinnerungsgegners* erfolgen kann, ist somit auch die Abhilfe (z. B. die Aufhebung eines Pfändungs- und Überweisungsbeschlusses) eine Entscheidung.

men Vollstreckungstitel mit vollstreckungsfähigem Inhalt für unzulässig zu erklären.

bb) Es müssen die *allgemeinen Prozeßvoraussetzungen* vorliegen, insbesondere

- *Zuständigkeit*: zuständig ist ausschließlich das Prozeßgericht der ersten Instanz (vgl. § 767 I i.V.m. § 802 ZPO; man tut im übrigen gut daran, sich diese Vorschrift des § 802 ZPO zu merken, weil sie anordnet, daß *alle Gerichtsstände im 8. Buch* der ZPO *ausschließliche sind*);
- *Rechtsschutzbedürfnis*: es ist gegeben, sobald ein Titel vorliegt und solange die Vollstreckung noch nicht beendet ist; es fehlt, wenn der Schuldner gegen den Vollstreckungstitel einen statthaften Rechtsbehelf ergriffen (insbesondere Berufung eingelegt) hat[3].

b) *Begründetheit der Vollstreckungsgegenklage*

Die Vollstreckungsgegenklage ist begründet, wenn

aa) die *Sachbefugnis* gegeben ist, d. h. der Kläger Vollstreckungsschuldner und der Beklagte Vollstreckungsgläubiger ist,

bb) dem Schuldner eine *Einwendung* gegen den Anspruch selbst zusteht, die nicht durch § 767 II, III ZPO ausgeschlossen ist.

Hinsichtlich der Einwendungen werden vor allem zwei Problemkreise relevant:

(1.) *Zu welchem Zeitpunkt entstehen die Gründe, auf denen die Einwendungen beruhen, bei Gestaltungsrechten* (z. B. Aufrechnung, Anfechtung)?

Von der Beantwortung dieser Frage hängt in der Praxis für den Schuldner viel ab, denn sie entscheidet darüber, ob er gegebenenfalls mit einer — an sich berechtigten — Einwendung in der Vollstreckungsgegenklage präkludiert ist, sich damit also jedenfalls nicht gegen die Vollstreckung aus dem Titel wehren kann.

Nach einer in der Literatur vielfach vertretenen Ansicht gehört zum Entstehungstatbestand der Einwendung bei Gestaltungsrechten *deren Ausübung*, weil erst dadurch der Anspruch vernichtet werde; außerdem sei die Abweichung von den Fristen des materiellen Rechts — die Anfechtungsfrist ist u.U. erst nach 30 Jahren verstrichen (§§ 121 II, 124 III BGB) — nicht interessengerecht[4].

Weil das aber zur Vollstreckungsverschleppung und zu einer Aushöhlung der Rechtskraft führen kann, zudem der Ausnahmecharakter des § 767 ZPO erhalten bleiben sollte, stellt die Rechtsprechung allein auf die *Befugnis zur Ausübung des Gestaltungsrechts* ab (z. B. Bestehen des Anfechtungs*grundes*)[5].

Eine dritte, modifizierende Ansicht will einerseits Härten vermeiden, andererseits das Argument der Vollstreckungsverschleppung entkräften: demnach soll eine *Aufrechnung* nach der letzten Tatsachenverhandlung in Analogie zu *§ 530 II ZPO* bei einer Vollstreckungsgegenklage nur Berücksichtigung finden, wenn sie sachdienlich ist. *Andere Einwendungen* sollen nur dann beachtlich sein, wenn sie

---

[3] THOMAS/PUTZO, § 767 Anm. 5 b.

[4] So THOMAS/PUTZO, § 767 Anm. 6 c; STEIN/JONAS/MÜNZBERG, § 767 Rdn. 32, 33; SCHLOSSER, ZPR II, Rdn. 114.

[5] So BGHZ 34, 274, 279 f; 42, 37, 39 f; ebenso BAUMBACH/LAUTERBACH/ALBERS/HARTMANN, § 767 Anm. 4 B.

nicht aus grober Nachlässigkeit erst nach der letzten Tatsachenverhandlung vorgebracht werden[6].

(2.) *Was bedeutet § 767 II letzter Halbs. ZPO („und durch Einspruch nicht mehr geltend gemacht werden können")?*

Dieser Halbsatz bezieht sich nur auf Vollstreckungsgegenklagen gegen Versäumnisurteile (vgl. § 338 ZPO). Danach sind Einwendungen im Wege des § 767 ZPO gegen ein Versäumnisurteil jedenfalls solange nicht möglich, wie noch der Einspruch zulässig ist.

Wie aber, wenn der beklagte Schuldner seine Einwendungen durch Einspruch *hätte geltend machen können*, von dieser Möglichkeit jedoch keinen Gebrauch gemacht hat? Soll er nun noch zur Vollstreckungsgegenklage greifen dürfen?

Die Antwort ist streitig, obwohl der Wortlaut des § 767 II ZPO eindeutig ist. Danach kommt es allein darauf an, ob *jetzt* noch der Einspruch zulässig ist: falls ja, soll nur die Einspruchsmöglichkeit gegeben sein; ist die Einspruchsfrist abgelaufen, sperrt § 767 II ZPO den Zugriff auf die Vollstreckungsgegenklage nicht[7]. — Andererseits sind damit für Einwendungen gegen ein Versäumnisurteil Tür und Tor geöffnet. Vom Zweck des § 767 II ZPO her, Vollstreckungsgegenklagen zu vermeiden, liegt darum die andere Lesart des § 767 II ZPO näher: Einwendungen, die der Schuldner schon durch Einspruch gegen das Versäumnisurteil geltend machen *konnte*, sind von daher durch § 767 II ZPO ausgeschlossen[8].

3. Die Drittwiderspruchsklage nach § 771 ZPO

Sie wird, der Name sagt es schon, von einem „Dritten" erhoben, grundsätzlich also einer Person, die nicht Gläubiger oder Schuldner des Zwangsvollstreckungsverfahrens ist. Dieser Dritte macht geltend, daß die Zwangsvollstreckung in sein Vermögen übergreife; deswegen sei sie unzulässig.

Wie kann es überhaupt geschehen, daß Vermögen eines Dritten durch eine Zwangsvollstreckung betroffen wird? Sie haben sicherlich schon von der „formalisierten Zwangsvollstreckung" gehört. Der Begriff besagt, daß das Vollstreckungsorgan vor der Zwangsvollstreckung quasi nur „Formalien" prüft, also allein den äußeren Schein beachtet. Nehmen wir als Beispiel die Vollstreckung durch den Gerichtsvollzieher. Er beurteilt die Zugehörigkeit zum Schuldnervermögen aufgrund der *Gewahrsamsverhältnisse* (§ 808 I ZPO); ob der Schuldner auch Eigentümer ist, bleibt unberücksichtigt. Ist der Schuldner nun *nicht Eigentümer*, steht das der Zwangsvollstreckung folglich zunächst nicht entgegen. Es bleibt vielmehr der Initiative des Eigentümers überlassen, sein Recht geltend zu machen. Das Mittel dazu ist die Drittwiderspruchsklage des § 771 ZPO!

---

6 So JAUERNIG, Zwangsvollstreckungsrecht, § 12 II; diff. SCHLOSSER, ZPR II, Rdn. 112 f.

7 Z. B. JAUERNIG, aaO.; STEIN/JONAS/MÜNZBERG, § 767 Rdn. 40 mwN.

8 So BGH NJW 1982, 1812 (für die entspr. Regelung in § 323 II ZPO); THOMAS/PUTZO, § 767 Anm. 6 a; BAUR/STÜRNER, Rdn. 751.

4. Zum Fall:
Nach allem können wir vom Zweck dieser drei vorgestellten Rechtsbehelfe ausscheiden

- die Vollstreckungsgegenklage, weil S sich nicht gegen die materiellrechtliche Richtigkeit des Zahlungsurteils wenden will;
- die Drittwiderspruchsklage, weil S Schuldner und nicht „Dritter“ ist.

Weil es sich um eine Zwangsvollstreckung durch den Gerichtsvollzieher handelt, stellen sich auch die Abgrenzungsfragen nicht, die bei einer Zwangsvollstreckung durch das Vollstreckungsgericht auftauchen können: *der richtige Rechtsbehelf ist also die Vollstreckungserinnerung (§ 766 ZPO).*

a) *Zulässigkeit der Erinnerung*

aa) *Statthaftigkeit*

Die Erinnerung ist *statthaft*, ihr Anwendungsbereich ist eröffnet. Denn bei der Pfändung des Traktors durch den Gerichtsvollzieher handelt es sich um die Maßnahme eines Vollstreckungsorgans.

bb) *Zuständigkeit*

Sachlich zuständig für die Entscheidung über die Erinnerung ist das Vollstreckungsgericht (§ 766 ZPO), also das Amtsgericht (§ 764 I ZPO). *Örtlich* zuständig ist das Amtsgericht, in dessen Bezirk das Vollstreckungsverfahren stattgefunden hat (§ 764 II ZPO).

Beide Zuständigkeiten sind aufgrund des § 802 ZPO ausschließliche!

Zur Entscheidung über die Erinnerung ist *funktionell* der Richter und nicht der Rechtspfleger zuständig (§ 20 Nr. 17 RPflG).

cc) *Form und Frist*

Eine Erinnerungsfrist gibt es nicht. Auch eine Form ist nicht vorgeschrieben. Dennoch wendet man § 569 II ZPO analog an, die Erinnerung muß also schriftlich oder durch Erklärung zu Protokoll der Geschäftstelle eingelegt werden.

dd) *Beschwer*

Erinnerung kann zulässig nur erheben, wer beschwert ist.

- Dabei ist der *Schuldner* stets beschwert, wenn er einen Verfahrensfehler rügt.
- Der *Gläubiger* ist beschwert, wenn das Vollstreckungsorgan seinem Antrag nicht entspricht, d. h. die Zwangsvollstreckung ablehnt, verzögert oder vom Antrag abweicht.
- Zur Beschwer eines *Dritten* unten III 1.

ee) *Rechtsschutzbedürfnis*

Ein Rechtsschutzbedürfnis des Schuldners und eines Dritten besteht grundsätzlich vom Beginn der Zwangsvollstreckung bis zum Ende der angegriffenen Vollstreckungsmaßnahme. Für den Gläubiger ist das Rechtsschutzbedürfnis wegen der Regelungen in § 766 II ZPO gegeben, sobald und solange die vollstreckbare Ausfertigung erteilt ist.

ff) Mehrfach habe ich Sie darauf hingewiesen, daß Unproblematisches gar nicht anzusprechen ist. Deshalb hätten Sie in einer schriftlichen Bearbeitung allenfalls zur Zuständigkeit, zur Form und zum Rechtsschutzbedürfnis etwas sagen dürfen.

b) *Begründetheit der Erinnerung*

Allgemein ist die Erinnerung begründet, wenn die Zwangsvollstreckungsmaßnahme unzulässig ist (§ 766 I ZPO), dem Antrag des Gläubigers nicht entsprochen wird oder — bei einer Erinnerung gegen den Kostenansatz des Gerichtsvollziehers — die Kosten falsch berechnet (§ 766 II ZPO) oder entgegen § 788 ZPO nicht beim Schuldner beigetrieben wurden.

Hier ist die Erinnerung begründet, ***wenn die Pfändung des Traktors durch den Gerichtsvollzieher unzulässig war***, die Voraussetzungen für den Beginn der Zwangsvollstreckung also nicht vorgelegen haben oder wesentliche Verfahrensvorschriften nicht beachtet worden sind.

Zunächst zu den *Voraussetzungen der Zwangsvollstreckung*:

aa) *Vollstreckungsantrag*

Wie auch sonst im Rahmen der Zivilprozeßordnung werden die in diesem Bereich tätigen Organe nur auf Antrag des Gläubigers hin tätig. Daß diese Voraussetzung hier erfüllt ist, kann man daraus ersehen, daß der Gerichtsvollzieher im „Auftrag" des G tätig wurde.

Dieser auch in §§ 753, 754 ZPO so bezeichnete „Auftrag" gegenüber dem Gerichtsvollzieher hat nichts gemein mit einem Auftrag im Sinne des BGB (§§ 662 ff). Der *Antrag* begründet zwischen dem Gerichtsvollzieher und dem Gläubiger vielmehr ein öffentlich-rechtliches Verhältnis. Der Gerichtsvollzieher wird im Rahmen seines „Auftrags" hoheitlich tätig und nicht etwa als Vertreter des Gläubigers im Sinne der §§ 164 ff BGB.

bb) *Zuständigkeit des Vollstreckungsorgans*

Die sachliche Zuständigkeit ergibt sich aus der Beantwortung zweier Fragen: *Weswegen* wird vollstreckt? *Wohinein* wird vollstreckt?

Für die Vollstreckung ***wegen*** einer Geldforderung ***in*** bewegliches Vermögen ist der Gerichtsvollzieher zuständig (§§ 753, 754 ZPO).
Für die Zwangsvollstreckung ***wegen*** einer Geldforderung ***in*** Forderungen und andere Vermögensrechte ist das Vollstreckungsgericht zuständig (§ 828 ZPO).

Für die Vollstreckung *wegen* einer Geldforderung *in* das unbewegliche Vermögen ist teils das Grundbuchamt (bei Eintragung einer Zwangshypothek, § 867 ZPO), teils das Vollstreckungsgericht (bei Zwangsversteigerung und Zwangsverwaltung, § 869 ZPO i.V.m. § 1 ZVG) zuständig.

Die Zwangsvollstreckung *zur Erwirkung von Handlungen oder Unterlassungen* obliegt dem Prozeßgericht des 1. Rechtszuges (§§ 887, 888, 890 ZPO). Die Zwangsvollstreckung *zur Herausgabe* oder *Leistung von Sachen* ist wieder Aufgabe des Gerichtsvollziehers (§§ 883 I, 884 ZPO).

Wird jemand *zur Abgabe einer Willenserklärung* verurteilt, so wird mit Eintritt der Rechtskraft die Abgabe der *Willenserklärung fingiert* (§ 894 ZPO); das ist der einfachste Weg einer Zwangsvollstreckung, den das Gesetz kennt.

Die *Übersicht* oben I. in diesem Abschnitt folgt exakt diesem Muster. Das ist natürlich kein Zufall, sondern entspricht der Gesetzessystematik: auch die ZPO teilt zunächst nach dem Inhalt des Zwangsvollstreckungstitels ein und differenziert sodann innerhalb der Zahlungstitel nach dem Gegenstand der Zwangsvollstreckung.

Hier wird aus einem Zahlungsurteil, also *wegen einer Geldforderung* vollstreckt. — Die weitere Frage ist danach die, ob der Traktor beweglich ist. Sie darf nicht voreilig bejaht werden (dies um so weniger, als man der Versuchung erliegen könnte, *§ 811 Nr. 5 ZPO* „anzusteuern" — was freilich eine *Zwangsvollstreckung in bewegliche Sachen* voraussetzen würde).

Grundsätzlich ist von einer *natürlichen Betrachtungsweise* auszugehen. Demnach wäre ein Lieferwagen eine bewegliche Sache und würde der Pfändung unterliegen.

Ausnahmsweise kommt aber eine *„rechtliche Betrachtungsweise"* zum Zuge:

Nach § 864 I ZPO unterliegen Grundstücke und grundstücksgleiche Rechte der Immobiliarvollstreckung. Nun wäre aber etwa eine spätere Zwangsverwaltung, die eine wirtschaftliche Nutzung des Grundstücks zum Ziele hat (§ 152 ZVG), zwecklos, wenn allein das Grundstück, nicht aber auch seine Bestandteile, seine Erzeugnisse und sein Zubehör erfaßt würden. Deshalb zieht *§ 865 ZPO* den Kreis der Gegenstände, die zum unbeweglichen Vermögen zählen, weiter. *Gegenstände im Hypothekenhaftungsverband sind danach Teile des unbeweglichen Vermögens.* Sie können *nach der Beschlagnahme des Grundstücks gar nicht mehr* und schon *vor diesem Zeitpunkt* dann *nicht gepfändet werden, wenn sie Zubehör sind.* Mit anderen Worten: es ist nicht der Gerichtsvollzieher, sondern es sind Grundbuchamt oder Vollstreckungsgericht für die Zwangsvollstreckung zuständig.

So scheint die Zuständigkeit des Gerichtsvollziehers *hier* ohne weiteres verneint werden zu können. Denn der Traktor dient dem wirtschaftlichen Zweck des Grundstücks. Er ist damit Zubehör (§ 97 BGB). Bei dieser Betrachtung soll die funktionelle Zuständigkeit des Gerichtsvollziehers fehlen. Damit wäre die

Pfändung des Traktors nichtig, weil es sich um eine besonders schwerwiegende Gesetzesverletzung handelt[9]. – Diese Ansicht ist nicht unbestritten.

Andere halten die Pfändung entsprechend den verwaltungsrechtlichen Grundsätzen vom fehlerhaften Verwaltungsakt für rechtswidrig, aber wirksam[10]. Dann muß aber auch die Prämisse eine andere sein: wenn man die *Nichtigkeitsfolge bei funktioneller Unzuständigkeit* nicht in Zweifel zieht, die Pfändung entgegen § 865 II 1 ZPO aber gleichwohl für wirksam hält, siedelt man das Problem nicht mehr bei den Zuständigkeitsregeln, sondern bei der Frage an, ob die *Vorschriften über die Art und Weise der Zwangsvollstreckung verletzt sind*[11]. Das erscheint richtig. Denn es gehört *prinzipiell* durchaus *zum Aufgabenbereich des Gerichtsvollziehers*, Traktoren – bewegliche Sachen – zu pfänden. Eine Nichtbeachtung der gesetzlichen Ausnahme in § 865 II 1 ZPO, die zudem einiges an bürgerlichrechtlichen Vorkenntnissen verlangt, ist darum nicht schwerwiegend genug, um bereits von einem nichtigen, also nicht vorhandenen und damit unbeachtlichen Pfändungsakt sprechen zu können.

Eine schwierige Frage – zugegeben! Aber wie so oft ist das Ergebnis von zweitrangiger Bedeutung. Wichtig ist nur, daß Sie sich die Zuständigkeitsverteilung klargemacht haben. Alsdann hätten Sie das Problem nicht übersehen.

Fahren wir also in der Prüfung fort. Welche anderen Forderungen sind an die Rechtmäßigkeit der Zwangsvollstreckung noch zu stellen?

cc) *Die allgemeinen Verfahrensvoraussetzungen*

Sie entsprechen den Prozeß- und Sachurteilsvoraussetzungen im Erkenntnisverfahren[12] und sind *von den allgemeinen Vollstreckungsvoraussetzungen zu trennen*. Sie können sich die Notwendigkeit beider Voraussetzungsgruppen daran merken, daß im Zusammenhang mit der Zwangsvollstreckung auch vom „*Vollstreckungs-Prozeß*“ die Rede ist[13]: wie für jeden *Prozeß* sind *dessen Voraussetzungen* zu fordern; hinzu kommen die *weiteren Erfordernisse*, die aus den Besonderheiten der *Vollstrekkung* folgen.

Im Rahmen der allgemeinen Verfahrensvoraussetzungen ergeben sich folgende *Besonderheiten gegenüber dem Erkenntnisverfahren*:

(1.) *Zulässigkeit des Rechtswegs*

Erforderlich ist, daß der Zwangsvollstreckungstitel entweder nach der ZPO zustandegekommen ist oder er zwar nach anderen Verfahrensvorschriften erwirkt wurde, das 8. Buch der ZPO auf diesen „fremden“ Titel aber für anwendbar erklärt ist (Beispiel: § 62 II ArbGG).

---

[9] Vgl. Stein/Jonas/Münzberg, Rdn. 130 vor § 704; ebenso speziell zum Verstoß gegen § 865 II 1 ZPO RGZ 153, 257, 259; OLG München, MDR 1957, 428; Baumbach/Lauterbach/Albers/Hartmann, § 865 Anm. 4.

[10] Thomas/Putzo, § 865 Anm. 2d; Gaul, RPfleger 1971, 81, 88.

[11] So Lippross, § 13 II 5; dazu unten gg., S. 109.

[12] S. oben im 1. Abschn., S. 10.

[13] Rosenberg/Schwab, § 1 IV 2.

(2.) *Parteifähigkeit, Prozeßfähigkeit*
Gläubiger *und* Schuldner müssen parteifähig sein. Prozeßfähigkeit hingegen ist grundsätzlich nur auf Seiten des Gläubigers erforderlich: der Schuldner „erleidet" die Zwangsvollstreckung; soweit er nicht selbst tätig wird, ist seine Prozeßfähigkeit also ohne Belang.

(3.) *Postulationsfähigkeit*
Sie fehlt den Parteien im Anwaltsprozeß (§ 78 ZPO). Vor dem Landgericht als Vollstreckungsorgan ist danach also anwaltliche Vertretung notwendig. Wenn Sie die Zuständigkeitsverteilung in der Zwangsvollstreckung gegenwärtig haben, ist Ihnen klar, daß damit nur in einem kleinen Ausschnitt Anwaltszwang besteht: sobald eine *Zwangsvollstreckung nach §§ 887, 888, 890 ZPO* in Frage steht *und* ein *LG im 1. Rechtszug* tätig wurde, liegt die Zwangsvollstreckung notwendigerweise in den Händen des Anwalts.

Übrigens: seine Prozeßvollmacht schließt Prozeßhandlungen in der Zwangsvollstreckung ein (§ 81 ZPO)!

(4.) *Rechtsschutzinteresse*
Es besteht für den Zwangsvollstreckungsantrag, sobald ein Zwangsvollstreckungstitel vorhanden ist.

Angenommen, der zur Zahlung verurteilte Schuldner begleicht die titulierte Forderung; trotzdem beantragt der Gläubiger die Zwangsvollstreckung. Soll hier die Zulässigkeit des Antrags am Fehlen des Rechtsschutzinteresses scheitern?
Da das Erfordernis des Rechtsschutzinteresses den Mißbrauch prozessualer Institute verhindern soll[14], scheint dem Gläubiger in der Tat das Rechtsschutzinteresse zu fehlen. Der Schein trügt aber. Denn § 767 ZPO verteilt die Gewichte anders. Der Schuldner muß die Erfüllung durch Vollstreckungsgegenklage geltend machen, *er* muß also initiativ werden. Das zeigt, daß der Zwangsvollstreckungsantrag zulässig bleibt — mit einer Ausnahme: der Gläubiger trägt in der Begründung seines Antrags selbst vor, der Schuldner habe bereits gezahlt; hier ist der Antrag schikanös, er ist mangels Rechtsschutzinteresses unzulässig.

dd) *Die allgemeinen Vollstreckungsvoraussetzungen*

(1.) *Vorliegen eines Titels*
Vom Zwangsvollstreckungstitel war schon mehrfach die Rede. *Es ist dies eine öffentliche Urkunde, in welcher ein Anspruch verbrieft ist.*

Die wichtigsten Vollstreckungstitel sind:
- *Endurteile*, die entweder formell rechtskräftig (§ 705 S. 1 ZPO) geworden oder nach §§ 708 ff ZPO für vorläufig vollstreckbar erklärt sind (§ 704 I ZPO);
- die in *§ 794 ZPO* aufgeführten Titel;

---
[14] S. oben im 1. Abschn., S. 22.

— von den *Titeln außerhalb der ZPO* z. B. die Eintragung in die Konkurstabelle (§ 164 I, II KO).

Nebenbei: Haben Sie sich schon einmal Gedanken über den Ursprung dieses doch merkwürdigen Begriffs „Zwangsvollstreckungs-*Titel*" gemacht? Er wurde ursprünglich und wird noch heute etwa im BGB und in der ZPO[15] in der Bedeutung „Aufschrift", „Überschrift" verwendet. Im übertragenen Sinne bezeichnet er das Aushängeschild einer Person („Dr. jur."). Von daher ist der Schritt zum Zwangsvollstreckungstitel als „äußeres Zeichen für die Berechtigung zur Zwangsvollstreckung" nicht weit.

(2.) *Erteilung der Vollstreckungsklausel*
Wieder ein eigenartiger Begriff; zudem ist diese Einrichtung ohne praktische Anschauung schwer verständlich.
Machen Sie sich klar, wie der Zwangsvollstreckungstitel —etwa ein Urteil — aussieht: da das Urteils*original* in den Gerichtsakten bleibt, wird dem Gläubiger nur eine Abschrift des Urteils ausgehändigt. Sie ist eine *amtliche Abschrift, die im Rechtsverkehr die Urschrift ersetzen soll*; man bezeichnet eine solche Abschrift als *Ausfertigung.* Eine *vollstreckbare Ausfertigung* ist diese Abschrift damit noch nicht. Sie wird es erst, nachdem der Urkundsbeamte der Geschäftsstelle (dazu § 153 GVG) den Bestand des Titels, seine Vollstreckungsfähigkeit und Vollstreckungsreife geprüft und dann die Klausel erteilt hat: „Vorstehende Ausfertigung wird dem ... (Bezeichnung der Partei) zum Zwecke der Zwangsvollstreckung erteilt" — so § 725 ZPO[16].

Die Vollstreckungsklausel ist demnach die Bescheinigung der Vollstreckbarkeit und Vollstreckungsreife auf der für den Gläubiger bestimmten Urteilsausfertigung.

(3.) *Zustellung*
Schließlich ist der *Titel* — in den Fällen der §§ 726 ff ZPO die mit der Klausel versehene Ausfertigung — dem Schuldner *zuzustellen* (§ 750 ZPO).

ee) *Besondere Vollstreckungsvoraussetzungen*

Das sind vor allem

— der Eintritt eines Kalendertages (§ 751 I ZPO),
— der Nachweis der Sicherheitsleistung (§ 751 II ZPO)[17],

---

[15] Vgl. vor § 104 BGB: „1. Titel. Geschäftsfähigkeit" und z. B. vor § 803 ZPO: „1. Titel. Zwangsvollstreckung in das bewegliche Vermögen".

[16] Die qualifizierten Klauseln der §§ 726 ff ZPO bleiben hier außer Betracht. Lesen Sie dazu JAUERNIG, Zwangsvollstreckungsrecht, § 4 III, IV.

[17] Das betrifft alle Urteile, die nur gegen Sicherheitsleistung des Gläubigers für vorläufig vollstreckbar erklärt wurden (§ 709 S. 1 ZPO). Die Sicherheitsleistung dient dem Schutz des Schuldners für den Fall, daß das Urteil der Überprüfung in der nächsten Instanz nicht standhält (vgl. § 717 II ZPO).

– das Angebot der Gegenleistung bei Zug-um-Zug-Titeln (§ 756, 765 ZPO).

ff) *Fehlen von Vollstreckungshindernissen*

Vollstreckungshindernisse sind besondere Umstände, die zur Einstellung der Zwangsvollstreckung führen. Im *Unterschied zu den Vollstreckungsvoraussetzungen* bleiben sie solange unberücksichtigt, bis sie dem zuständigen Vollstreckungsorgan nachgewiesen werden oder es dienstliche Kenntnis davon erlangt. Beispiele für Vollstreckungshindernisse: Die im Katalog des § 775 ZPO aufgeführten Fälle, die Konkurseröffnung (§ 14 KO), die Vergleichseröffnung (§§ 47, 48 VglO).

gg) *Rechtmäßigkeit der Zwangsvollstreckungsmaßnahme; die Art und Weise der Zwangsvollstreckung.*

Die vorstehenden Punkte sind wieder allesamt deswegen unproblematisch, weil der Sachverhalt insoweit nichts hergibt. Bei schriftlicher Bearbeitung dieser Aufgabe hätten sie nicht angesprochen werden sollen. Ich habe sie nur angeführt, um sie in Erinnerung zu rufen (und natürlich auch, um Sie gegebenenfalls zu bewegen, in diesen zum zivilprozessualen Grundwissen gehörenden Bereichen nachzulesen).

Bevor wir uns (kurz) der Frage zuwenden, ob die Zwangsvollstreckungsmaßnahme rechtmäßig ist, sehen Sie sich nochmals unsere Feststellungen zur Zuständigkeit des Gerichtsvollziehers an.

Die *Pfändung* wäre hier *rechtswidrig*, wenn der Gerichtsvollzieher in eine Sache vollstreckt hätte, die nur durch Zwangsversteigerung, Zwangsverwaltung oder Eintragung einer Zwangshypothek (§ 866 I ZPO) erfaßbar ist, die also der Zwangsvollstreckung in das unbewegliche Vermögen unterliegt. Das ist der Fall.

hh) Damit ist die Erinnerung des S begründet. Der Richter wird die Zwangsvollstreckung in den Traktor für unzulässig erklären[18].

III. Rechtsbehelfe des H

1. Genau wie S möchte H, daß eine Zwangsvollstreckung durch Pfändung des Traktors unterbleibt. Nachdem festgestellt wurde, daß die Pfändung unter Verstoß gegen § 865 II ZPO erfolgt ist, liegt es nahe,

[18] Die Kosten des Erinnerungsverfahrens hat der Antragsgegner, also der Gläubiger, zu tragen. Einzelheiten bei THOMAS/PUTZO, § 766 Anm. 9; ZÖLLER/STÖBER, § 766 Rdn. 40.

daß auch H in erster Linie diesen Verfahrensfehler rügt. Zu prüfen ist also wieder die *Erinnerung nach § 766 ZPO.*

a) *Zulässigkeit der Erinnerung*

Hier ist nur noch auf den Unterschied zur Erinnerung des S einzugehen. Er besteht darin, daß H am Zwangsvollstreckungsverfahren nicht beteiligt, er also Dritter ist. Deswegen ist fraglich, ob er durch die Pfändung überhaupt beschwert ist.

Die *Voraussetzungen der Beschwer eines Dritten* bei der Erinnerung sind:

aa) Der *Dritte* ist von der Zwangsvollstreckung in dem Sinne *betroffen*, daß sie sich als Eingriff in seine Rechtssphäre darstellt.

H ist wegen § 1120 BGB als Hypothekengläubiger bei Pfändung eines Zubehörstücks beeinträchtigt. Da ihm nach § 10 I Nr. 4 ZVG in der Zwangsversteigerung der Erlös zustände, stellt sich die Pfändung als Eingriff in seine Rechte dar.

bb) Die *Beschwer* ist *verfahrensrechtlicher Natur*.

Diese Voraussetzung ist bei einem Verstoß gegen die prozessuale Bestimmung des § 865 II 1 ZPO erfüllt.

cc) Die verletzte *Verfahrensvorschrift dient* auch *dem Schutz des Dritten.*

Auch das ist gegeben, da § 865 II 1 ZPO die Wirtschaftseinheit des Hypothekenhaftungsverbandes erhalten soll.

Folglich ist H beschwert und ist seine Erinnerung zulässig.

b) *Begründetheit der Erinnerung*

Die Erinnerung ist begründet, weil dem Gerichtsvollzieher ein Verfahrensfehler, nämlich der bereits festgestellte Verstoß gegen § 865 II 1 ZPO, unterlaufen ist.

2. Fraglich ist, ob H als Dritter sein Ziel nicht auch auf dem Wege über die *Drittwiderspruchsklage nach § 771 ZPO* erreichen kann.

Das mag auf den ersten Blick weit hergeholt erscheinen, da die Hypothek die Veräußerung des Zubehörs nicht verhindert. Denn nach § 1121 BGB ist eine Enthaftung des Zubehörs möglich. Indessen: nicht einmal das Eigentum verhindert den gutgläubigen Erwerb nach § 932 BGB und ist dennoch *das* die Veräußerung hindernde Recht des § 771 ZPO. Man hat demnach diese Hinderungswirkung so zu verstehen, daß sie vorliegt, *wenn der Schuldner durch die Veräußerung in das Recht widerrechtlich eingreifen würde.* Das könnte auch bei der Hypothek so sein. Deswegen ist es nicht fernliegend, auch die Zulässigkeit und Begründetheit einer Drittwiderspruchsklage zu prüfen.

a) *Zulässigkeit der Drittwiderspruchsklage*

aa) *Zuständigkeit*

Die *örtliche* Zuständigkeit ergibt sich aus § 771 ZPO (wieder ein ausschließlicher Gerichtsstand wegen § 802 ZPO!). Die *sachliche* Zuständigkeit richtet sich wie sonst auch nach dem Streitwert (§§ 1 ZPO, 23, 71 GVG).

bb) *Rechtsschutzinteresse*

Es ist gegeben, sobald die Zwangsvollstreckung begonnen hat und solange sie noch nicht beendet ist.

All das ist hier wieder unproblematisch.

b) *Begründetheit der Drittwiderspruchsklage*

Die Drittwiderspruchsklage ist begründet, wenn die *Hypothek* als ein die *Veräußerung hinderndes Recht im Sinne des § 771 ZPO* anzusehen ist.

Die Frage ist umstritten. Die einen lehnen eine Anwendung des § 771 ZPO zugunsten des Hypothekengläubigers ab. Der Realgläubiger habe wegen § 1121 BGB kein die Veräußerung hinderndes Recht; deswegen gehöre das Zubehör auch zum Schuldnervermögen und bedeute seine Pfändung keinen Eingriff in das Vermögen Dritter. Auch handele es sich nicht um die Beseitigung einer ordnungsgemäßen, sondern einer durch mangelhaftes Verfahren ordnungswidrigen Vollstreckung[19].

Nach anderer Ansicht wird so die Hinderungswirkung zu wörtlich genommen. Entscheidend sei doch nur, daß widerrechtlich in den Rechtskreis des Dritten eingegriffen werde. Auch bestehe ein praktisches Bedürfnis für die Anwendung des § 771 ZPO. Bei großen Objekten, um die es sich hier häufig handele, biete das Verfahren nach § 766 ZPO mit seiner amtsgerichtlichen Zuständigkeit nicht die wünschenswerte Richtigkeitsgewähr[20]. — Demnach wäre die Drittwiderspruchsklage des H begründet.

[19] Vgl. BAUMBACH/LAUTERBACH/ALBERS/HARTMANN, § 865 Anm. 5.

[20] Vgl. THOMAS/PUTZO, § 771 Anm. 6 c; BRUNS/PETERS, § 15 I 1 a; JAUERNIG, § 13 IV 1 b und — sehr instruktiv — RGZ 55, 207, 208 f.

Stichwortregister

Die halbfetten Zahlen verweisen auf die Hauptfundstelle

FSC
www.fsc.org
MIX
Papier | Fördert
gute Waldnutzung
FSC® C083411

Kolibri 360 GmbH
Ferdinand-Jühlke-Straße 7
99095 Erfurt, Deutschland
produktsicherheit@kolibri360.de